HISTÓRIA DE UMA ANÁLISE

CONSELHO EDITORIAL

André Luiz V. da Costa e Silva
Cecilia Consolo
Dijon De Moraes
Jarbas Vargas Nascimento
Luís Augusto Barbosa Cortez
Marco Aurélio Cremasco
Rogerio Lerner

Blucher

HISTÓRIA DE UMA ANÁLISE

O objeto bom

Maria Patrícia Mendes Ribeiro

História de uma análise: o objeto bom
© 2023 Maria Patrícia Mendes Ribeiro
Editora Edgard Blücher Ltda.

Publisher Edgard Blücher
Editor Eduardo Blücher
Coordenação editorial Jonatas Eliakim
Produção editorial Thaís Costa
Preparação de texto Ana Maria Fiori
Diagramação Guilherme Henrique
Revisão de texto MPMB
Capa Laércio Flenic
Imagem da capa iStockphoto

Blucher

Rua Pedroso Alvarenga, 1245, 4º andar
04531-934 – São Paulo – SP – Brasil
Tel.: 55 11 3078-5366
contato@blucher.com.br
www.blucher.com.br

Segundo o Novo Acordo Ortográfico, conforme
6. ed. do *Vocabulário Ortográfico da Língua
Portuguesa*, Academia Brasileira de Letras,
julho de 2021.

É proibida a reprodução total ou parcial por
quaisquer meios sem autorização escrita da
editora.

Todos os direitos reservados pela Editora Edgard
Blücher Ltda.

Dados Internacionais de Catalogação
na Publicação (CIP)
Angélica Ilacqua CRB-8/7057

Ribeiro, Maria Patrícia Mendes

História de uma análise: o objeto bom / Maria
Patrícia Mendes Ribeiro. – São Paulo : Blucher,
2023.

152 p.

Bibliografia

ISBN 978-65-5506-788-0

1. Psicanálise I. Título

23-0567 CDD 150.195

Índice para catálogo sistemático:
1. Psicanálise

Ao meu paciente
Muita gratidão pelo nosso encontro, pois, de alguma
forma, ele me encorajou a ser a analista que sou.

Agradecimentos

Embora em alguns momentos do processo, a concretude do cotidiano tenha transformado este trabalho de escrita em cinzas, encontrei pessoas que cruzaram o meu caminho (ou a minha imaginação), que puderam, de alguma forma, produzir uma fagulha, avivando meu desejo em relação a ele. Com essas pessoas vivenciei encontros afetivos significativos. Esses "encontros" contribuíram para a minha fluidez mental. A cada pessoa que me acompanhou nessa experiência, minha afeição e gratidão!

Ao Prof. Dr. Renato Mezan, meu orientador no mestrado, que com sua reserva, delicadeza e conhecimento estimulou todo o meu processo de escrita. Embora tenha me deixado livre para desenvolver as minhas ideias, eu sempre soube que ele estava ali e que reconheceria o melhor de mim.

À Marina Ferreira da Rosa Ribeiro e Rosa Maria Tosta que fizeram parte da minha banca de mestrado, agradeço pelas valiosas ponderações e contribuições.

Ao grupo Elabora, por ser um espaço que não só ofereceu continência para algumas das minhas associações, mas principalmente por ser um ambiente lúdico que promove sempre muitas trocas.

Aos amigos, figuras essenciais que, de uma forma ou de outra, deram sua contribuição: Maria Carolina F. Signorelli, Marilia Calina, Vera Canhoni, Mônica Arouca, Maud A. A. Oliveira, Rosane Varnovitzky.

À Malu Zoega, interlocutora de longa data, agradeço pelas conversas durante toda construção deste trabalho. Gratidão!

A todos os membros da Editora Blucher que me apoiaram para realização desta publicação.

Às minhas famílias, Mendes e Ribeiro, laços de amor que resistem as turbulências promovida pela vida.

Ao Arlindo, por todo incentivo que me dedicou.

Ao meu filho, porção mais sublime da minha existência, agradeço por ser a pessoa que até o momento mais revelou a verdade sobre mim. Obrigado por ser um explorador criativo e expressar o que vê.

Aos meus analistas e também aos meus analisandos, de ontem e de hoje, sem eles não teria sido possível meu verdadeiro encontro com a psicanálise.

Prefácio

As boas experiências na análise e o resgate do vivo

Rosa Maria Tosta[1]

> *"Talvez possamos pensar que a verdade e a ficção*
> *convivem pela via do estético, da linguagem*
> *paradoxal que transcende o objetivo e o subjetivo."*
>
> Tosta, 2019

Você está diante de um livro que todo psicanalista pode se interessar, pois há um partilhar de rica experiência clínica ao longo do processo de um caso, o que nos nossos dias está cada vez mais raro de ser exposto numa investigação psicanalítica. Mesmo mantendo

---

1 Professora associada do Departamento de Psicologia do Desenvolvimento Humano da Faculdade de Ciências Humanas e da Saúde da Pontifícia Universidade Católica de São Paulo (PUC-SP). Docente da graduação e do Programa de Estudos Pós-Graduados em Psicologia Clínica no Núcleo de Método Psicanalítico e Formações da Cultura da PUC-SP. Atua como psicoterapeuta e supervisora em clínica privada. Membro fundador do Laboratório Interinstitucional de Estudos da Intersubjetividade e Psicanálise Contemporânea (LIPSIC) – Instituto de Psicologia da USP (IPUSP) e PUC-SP. Membro do Grupo Brasileiro de Pesquisas Sándor Ferenczi. Membro do Espaço Potencial Winnicott do Instituto Sedes Sapientiae.

rigorosamente os princípios da ética clínica e científica, Patrícia pôde, de forma corajosa, compartilhar sua trajetória clínica de atendimento. E não é qualquer caso, pois se trata de um paciente em estado grave.

A autora nos traz a história de seus encontros e desencontros analíticos com "John", um jovem de 20 anos, no início do processo, diagnosticado com esquizofrenia e apresentando uma disposição paranoide. Que delicadeza de postura e linguagem para tratar de uma questão tão espinhosa para analistas, pais e toda a sociedade, como a do sofrimento psicótico.

Ao longo da narrativa, nos deparamos com questões que nos visitam em nossa prática cotidiana, por exemplo: como manter a excelência no tratamento, aceitar uma redução no número de sessões ou encaminhar o paciente. Patrícia compartilha conosco a necessidade que os casos graves exigem do analista quanto ao estabelecimento do contato com a rede de apoio do paciente, incluindo a família e o trabalho em conjunto com o psiquiatra.

Além disso, nos casos graves, temos de lidar com as angústias das famílias e considerar o seu ponto de vista, pois são elas que acompanham o indivíduo no dia a dia. A analista precisou viver junto com o John a presença dos pais no consultório na fase inicial do processo analítico. Penso o quão complicado é este processo de digestão e elaboração das situações clínicas, frente a necessidade de estar junto à família e, como reflete o questionamento de Patrícia: o que será que essa presença poderia estar significando para o paciente?

Por outro lado, também temos acesso ao material inconsciente, que por vezes nos indica caminhos diversos da observação trazida pelos pais em sua noção mais ingênua e/ou identificada com os filhos. Foi preciso o analisando caminhar um pouco mais no processo terapêutico para que Patrícia pudesse fechar as "portas" do horário de John para os pais, auxiliando-o a também fechar suas "portas" internas e externas.

Que valiosa contribuição para a clínica psicanalítica podermos acompanhar Patrícia em sua experiência com o processo analítico, tendo como companheira de viagem a teoria de Melanie Klein, mais especificamente, iluminando a sua conceituação sobre o objeto bom.

Como a autora nos lembra, o objeto bom, para Klein, relaciona-se com as experiências de encontro entre a necessidade da criança e o que oferece o seu ambiente imediato, o que poderá levar a sensação de segurança e confiança. Nisso observo um ponto essencial para o desenvolvimento emocional do indivíduo que Winnicott tornou central em sua teoria.

Há uma reflexão sobre a percepção acerca da mudança psíquica ocorrida a partir do trabalho nesse caso, da forma como foi experienciado pela psicanalista. Quantos de nós, analistas, nos perguntamos se o nosso trabalho está cumprindo o seu papel e quais seriam seus efeitos? Quantas vezes essa ideia nos visita quando o processo analítico se paralisa devido às resistências e à compulsão e repetição comuns em análise?

Na obra, vemos a exposição apropriada sobre as características psicanalíticas da narrativa sobre os encontros entre analista e John, isto é, o quanto as situações relatadas constituem fatos clínicos a meio caminho entre verdade e ficção, como já explicitaram vários autores. A este respeito, Masud Khan (1991) utiliza um termo que considero bem original: o "faction", o qual seria uma junção dos termos *fact* (fato) e *fiction* (ficção). Afinal, em *História de uma análise* resulta primoroso o modo como as questões que atravessam a escrita do caso clínico são apresentadas.

A psicanalista-autora guiou-se pela associação livre para selecionar os fragmentos clínicos que compõem sua narrativa. Assim como na clínica psicanalítica, o texto vai e vem da experiência de atendimento para a teoria e vice-versa. Do mesmo modo, faço aqui nesta minha apresentação.

A visita à obra de Klein é feita de forma autoral. Percebe-se uma apropriação dos conceitos selecionados, o que torna a leitura agradável, mesmo na exposição de natureza teórica. Na introdução do livro, a autora diz que podem pular o capítulo teórico sobre Klein, mas eu recomendo fortemente a sua leitura, pois nele é apresentada a teorização kleiniana sobre o objeto bom. Aliás, esta é uma outra habilidade de Patrícia: num trabalho enxuto, consegue nos trazer vasta e atualizada literatura psicanalítica pertinente à temática escolhida. E, pela destreza da escrita, não resulta um trabalho de valor apenas acadêmico: pode ultrapassar em muito os muros da universidade. Aliás, os títulos dos capítulos mostraram a criatividade e pessoalidade da psicanalista-autora.

Com o relato de sua experiência analítica com John, Patrícia pôde fazer um duplo trajeto: buscar na teoria fundamentos que iluminassem seu caminho, e, por outro lado, para nós, leitores, vivificar conceitos fundamentais como o de identificação projetiva e *rêverie*. Apresentou, ainda, a sua experiência viva de contratransferência; ela pode viver com John o que a mãe esqueceu....Foi destemida em nos apresentar seu processo de elaboração das contratransferências com o paciente e com a mãe, explicitando quais foram os manejos neste caso.

Um dos pontos importantes que atravessam o atendimento de John são as questões da saúde, da doença e da loucura. De modo explícito, aparece na chegada do paciente, encaminhado por uma amiga analista que não se via atendendo esse tipo de caso; e no final do atendimento, quando John trouxe a preocupação de não carregar seu histórico de loucura para a situação do trabalho. O saber psicanalítico nos ensina quão tênue é a passagem entre saúde e doença, entre sanidade e loucura. Os bons poetas puderam nos apresentar melhor a natureza humana, do que se trata a vida, em suas precariedades e forças, de modo direto e estético. Não consigo resistir a trazer aqui também uma frase de Winnicott a esse respeito: "Sobre o que versa a vida? Podemos curar nosso paciente e nada saber sobre o que lhe permite continuar vivendo [...] ausência de doença psiconeurótica pode ser saúde, mas não é vida" (Winnicott, 1971/1975, p. 139). Enquanto a rigidez tem as cores mais fortemente defensivas, a saúde psíquica é tolerante com a doença e com a loucura. No caso relatado, a analista ao trabalhar especialmente a finalização da análise, revelou que o seu foco era o cuidado e a vida, e não a cura.

Relacionado à questão acima, uma passagem chama atenção no processo de descoberta de John: há uma busca de ampliação do espaço analítico através da brincadeira. A dupla começou a poder brincar com as ideias delirantes. O faz de conta pode abrir uma nova porta. Poder brincar na loucura... criando uma fresta, uma abertura, um possível espaço potencial, um caminho para a alcançar a fantasia, mesmo que de início fosse só um devaneio. Patrícia testemunha: "Ele também introduzia um humor na cena. Falava a voz da criança e a voz do adulto. Ríamos juntos". Como sabemos por Winnicott, o humor também pode ser uma manifestação de um transitar pelo espaço potencial. A analista também soube entremear suas elaborações teórico-clínicas com breves incursões na literatura, como em *Uma Mente Brilhante*, e na sétima arte, com os filmes *O Efeito Borboleta* e o *Show de Truman*, focando no personagem Truman Burbank.

O capítulo "O ambiente em Klein: entrelaçamento, fantasia e realidade" me capturou sobremaneira. Nele há uma discussão muito profícua e atual que a autora coordena entre Thomas Ogden e Melanie Klein. Um ponto focalizado é em que medida a análise pode proporcionar um novo ambiente, permitindo nova experiência com continuidade num tempo estendido, por meio da introjeção e do analista como um objeto bom, por meio de projeções e reintrojeções

14 PREFÁCIO

entre mundo interno e mundo externo. Nas palavras de Patrícia: "entendo que a constância das experiências boas poderá flexibilizar a crença nos objetos maus". Talvez aí temos o cerne de sua exposição sobre esse caso belíssimo que a psicanalista nos permitiu acompanhar.

Considero a ideia kleiniana de que a correlação entre a pulsão de vida e o objeto bom que subsiste mesmo em casos muito graves é um ponto alto na apresentação da teoria de Klein, uma vez que muitas vezes essa teoria é associada ao predomínio da pulsão destrutiva. Patrícia, sustentada nas ideias kleinianas, apostou na associação do vivo como registro em algum grau do objeto bom para a possibilidade de a análise representar ou oportunizar a boa experiência com capacidade de reativar a boa experiência original.

Quando a autora coloca sua posição em relação a importância do ambiente na obra de Klein, mais além da identificação projetiva, como defende Ogden, fica implícito seu conhecimento das ideias winnicottianas, afirmando que a importância do ambiente na obra de Klein é implícita.

Voltando ao relato de sua experiência clínica, valores humanos fundamentais comparecem no discurso da analista e no seu modo de ver, escutar e trabalhar com o paciente. Sendo assim, desfilam na linha intermediária em direção à busca de integração pessoal e saúde psíquica: a Confiança, a Esperança, a Verdade, a Bondade. Trabalhar cada uma dessas questões já se coloca como uma outra tarefa.

A narrativa da finalização do caso confirma algumas percepções. Patrícia mostra-se uma analista que sabe pensar e tolerar as dúvidas que nos assaltam no cotidiano clínico. Sabemos que a dúvida e a incerteza são pontos de origem do conhecimento. Como analista envolvida e verdadeiramente preocupada com John, ela espontaneamente acessou o seu mundo onírico, indo além dos pensamentos clínicos, além das dúvidas, podendo se disponibilizar para sonhar o futuro de sua relação com o paciente e nos brindar ao compartilhar esse processo.

Gostei do modo como terminou seu trabalho, pessoal, e inspirada na experiência de Winnicott, ao escrever a carta para John, elaborando a sua partida. Ela também conseguiu revelar o quanto John pôde se constituir como objeto bom para ela, enquanto analista. Patrícia se mostra como pessoa e revela que participa vivamente do processo analítico! É disto que os pacientes precisam, sobretudo nos casos considerados graves, tal qual com crianças: de uma experiência verdadeiramente humana e sensível.

Para completar, a carta me tocou e emocionou, pude me identificar com Patrícia e com ela rememorar as várias despedidas amorosas na clínica e na vida. Uma experiência na clínica viva!

O desfecho do trabalho clínico me fez lembrar de um poema de Winnicott (1968/2020) sobre uma possível comunicação do bebê com a mãe. Eí lo:

> *Eu encontro você;*
>
> *Você sobrevive ao que lhe faço à medida que a reconheço*
>
> > *como não-EU;*
>
> *Eu uso você;*
>
> *Eu me esqueço de você;*
>
> *Mas você se lembra de mim;*
>
> *Continuo me esquecendo de você;*
>
> *Eu a perco;*
>
> *Estou triste.*

Referências

Khan, M. Masud R. (1991). *Quando a primavera chegar: despertares em psicanálise clínica*. São Paulo: Escuta.

Tosta, R. M. (2019). O fazer do pesquisador e a pesquisa psicanalítica. *In* Kublikowski, I., Kahhale, E. & Tosta, R.M. *Pesquisas em psicologia clínica: contextos e desafios*. São Paulo: EDUC – Editora da PUC, p. 285-304.

Winnicott, D. W. (2020). A comunicação do bebê com a mãe e a da mãe com o bebê, comparada e contrastada. In Winnicott, D. W. *Bebês e suas mães*. São Paulo: Ubu, 2020. (Trabalho original publicado em 1968).

Winnicott, D. W. (1975) *O brincar e a realidade*. Rio de Janeiro, Imago. (Trabalho original publicado em 1971).

Conteúdo

A porta se abre: enlace   21

1. A escrita do caso clínico: meia verdade   31

2. Teoria da mente: as posições e o objeto bom   39

3. Apresentação do caso clínico: John vem até mim   55

4. Identificação projetiva e *rêverie*: John se aloja em mim   63

5. *Setting*: um lugar vivo e de muitos significados   79

6. Misturados no *setting*: um ainda não é um   89

7. A contratransferência: sinto em mim o que a mãe esqueceu   101

8. O ambiente em Klein: entrelaçamento entre fantasia e realidade   109

9. Partida: um novo começo   119

10. Desenlace: a porta se fecha   129

11. Uma carta para John   135

Percurso de Leitura   139

Desvios e rodeios pequenos e esquisitos fazem parte da formação de um indivíduo. Suprimi-los todos a seguir o relógio, o calendário e o credo até que o indivíduo se perca no cinzento neutro da multidão é ser muito pouco fiel à nossa herança... A vida, essa qualidade esplêndida da vida, não se consegue seguindo as regras de um outro homem. É verdade que temos as mesmas fomes e mesmas sedes, mas são fomes e sedes por coisas diferentes, de maneiras diferentes e em diferentes épocas... Estabeleça seu próprio dia, siga-o até o meridiano, até o seu próprio meridiano, ou então você se sentará num salão exterior ouvindo a melodia, mas nunca chegando a uma altura suficiente para que possa tocar a sua própria.

Nasar, *Uma mente brilhante*, 2002, p. 44

A porta se abre: enlace

O analista, como qualquer trabalhador, tem sua rotina de lavoro: acorda todos os dias e obedece à sua agenda previamente planejada. Há vários lugares por onde passa um analista – frequenta eventos com um quê de diferença e com um quê de igualdade –, mas o seu verdadeiro hábitat é o seu consultório, fazendo a sua clínica. Há pacientes que frequentam o consultório às segundas e quartas; outros, às terças e quintas; outros ainda somente uma vez na semana. A porta se abre e se fecha; por ela passam pessoas com suas biografias, com suas formas de sentir e perceber o mundo, com suas dificuldades de viver.

Eles vêm e vão. Alguns se afastam por uma semana, por meses, por anos, e depois voltam. Há aqueles que não retornam nunca, e há os que, por alguma razão, deixam rastros, ou seja, a imagem dos seus rostos, de vez em quando, retorna à nossa memória e nos faz lembrar daquele encontro. *Aquele*. Aquele que marca algo no tempo, na formação e na vida do analista. É destes pacientes que falo: mesmo que tenham fechado a porta, eles retornam em nossa mente convocando elaboração de algumas experiências que ainda pulsam em nós.

Embora nós, psicanalistas, tenhamos a oportunidades de vários encontros com nossos pacientes, aqueles que persistem, aos poucos, vão direcionando o nosso caminho de trabalho e de estudo. Desde a faculdade alguns caminhos me levaram ao encontro da psicose: fazer estágio no Centro de Atenção Psicossocial (CAPS), atender pacientes na clínica escola cuja sintomatologia correspondesse a esse quadro clínico, mas foi por meio de um paciente que esteve em atendimento comigo assim que iniciei o meu trabalho no consultório que essa expressão de sofrimento psíquico se tornou foco especial de interesse na minha área de trabalho e estudo.

Como compreender o fato de o paciente apresentar-se "funcionando" – dormindo, trabalhando, alimentando-se, relacionando-se, ou seja, predominantemente integrado – e, de repente, apresentar-se dissociado de si mesmo, tendo essas funções primárias à manutenção da vida prejudicadas?

Cada vez mais sensibilizada por encontros com pacientes acometidos por essa instabilidade, vi-me numa pesquisa pessoal, tentando compreender aqueles fenômenos na minha clínica. Não só compreender, pois sei que meu grande anseio de principiante era: de que forma reparar esse prejuízo?

Como uma pessoa cuja vida havia sido paralisada pela psicose poderia encontrar um novo equilíbrio com o passar do tempo?

Apesar de eu estar diante dessa questão naquele momento dentro de mim, muito já se havia pensado sobre ela. A psiquiatria e a psicologia, embora sejam relativamente novas em relação às outras ciências, puderam avançar em alguns pontos. O advento dos psicotrópicos, por exemplo, trouxe um importante esvaziamento dos manicômios, assim como reduziu drasticamente formas de tratamentos mais agressivas, por exemplo o tratamento com choque (lobotomia). Embora tenhamos hoje até um uso exagerado de medicamentos, uma vez que muitas vezes são buscados na tentativa de atenuar frustrações e dores psíquicas desencadeadas pelo próprio viver, sabemos que eles não curam, mas, para algumas modalidades de sofrimento, contribuem muito em alguns momentos do tratamento. A psicanálise trouxe ao longo dos anos não só contribuições importantes do ponto de vista teórico, mas também a construção de manejos para tratar pacientes com comprometimentos emocionais severos.

Apesar dos avanços, ainda é comum vermos famílias, durante anos a fio, num drama sem saída, porque seus filhos, acometidos por transtornos graves, oscilam entre melhoras e recaídas. Na clínica, essas oscilações abruptas levaram muitas vezes não só as famílias e o paciente, mas até a mim, a questionar a qualidade das melhoras alcançadas durante o tratamento.

O que acontecia? Havia uma remissão passageira do sintoma ou, realmente, uma modificação no mundo interno do paciente?

Ainda que tenhamos ampliado expressivamente nosso conhecimento, sabemos que há muito por se descobrir. Acredito, assim, como Freud (1933[1932]/1996) acreditava, que pacientes que apresentam psicoses afastaram-se da realidade externa; contudo, por essa razão, conhecem mais da realidade interna, psíquica, podendo revelar-nos muitas coisas que de outro modo nos seriam inacessíveis.

É compreensível a angústia vivida pelos pais, pois muitas vezes não é fácil para a família lidar com os filhos no momento em que as alucinações auditivas, a irritabilidade excessiva e a impossibilidade de se relacionar com os outros estão presentes. Os pais demandam algumas respostas do profissional, tanto do ponto de vista concreto como do subjetivo, que ainda não puderam ser alcançadas.

É frequente que as famílias – diante de algumas situações que as constrangem – vejam-se num dilema: devo interditar meu filho na Justiça ou não? O que ele é? O que ele tem? Como devo agir?

O sofrimento dos pais é legítimo. Embora em alguns momentos pensem que poderiam interditar o filho e dessa maneira obter uma ajuda concreta, ou seja, um auxílio do governo ou mais suporte num plano de saúde, também estão rotulando ou "carimbando" o filho como um doente mental.

Há sempre um movimento entre o medo e a culpa. Por um lado, se renunciam à ajuda, sentem-se desamparados não só do ponto de vista econômico e de uma identidade social – pertencer a um grupo de pais cujos filhos têm uma doença –, mas também das implicações jurídicas, caso, num episódio de surto, o paciente possa vir a cometer um ato impensado. Os pais ficam a se perguntar quão responsáveis serão e como devem proceder diante de tal questão. Por outro lado, não querem pensar nisso, pois são coisas terríveis de imaginar em relação ao filho – doença, loucura, crime, morte...

Alguns pais narram uma experiência de solidão: identificados com o filho, sentem-se envergonhados, culpados e vitimizados. Buscam se isolar da família de origem por não se sentirem confiantes em compartilhar o problema, uma vez que esses parentes confirmam suas próprias fantasias de julgamento, permeadas pela culpa. Nessas circunstâncias, a possiblidade de uma rede de trocas afetivas fica comprometida, viabilizando o sentimento de solidão.

Diante de pacientes e de suas famílias que oscilavam entre esperança e desespero perante melhoras e recaídas, ficava a me perguntar como o tratamento poderia oferecer estabilidade emocional a eles. Essa questão evocava em mim lembranças dos encontros com um analisando, especificamente. Ao mesmo tempo, lembrava-me também de questões trazidas pela sua mãe, quando circunstâncias externas levaram-no a desejar interromper a análise.

O analisando frequentou meu consultório de duas a três vezes por semana durante três anos. Estudava à noite e havia recebido uma proposta de trabalho. As duas situações impossibilitavam-no de organizar o seu tempo para ir às sessões, já que havia uma distância significativa que inviabilizava a realização das três atividades, trabalho, estudo e análise.

Na época, depois de estudarmos minuciosamente algumas possibilidades, acordamos que, para ele continuar seu processo analítico, deveria procurar outro profissional que atendesse aos sábados ou mais próximo quer da faculdade, quer do seu trabalho, visto que não seria possível continuar comigo.

A mãe não concordava com a decisão, pois entendia que a análise, naquele momento, era mais importante para o filho do que o trabalho. Tinha receio também de que ele não se adaptasse a outra profissional. Sem a análise, temia que ocorressem recaídas, diante das significativas melhoras que seu filho apresentava. Ela hesitou e não aceitava a decisão construída por mim e seu filho.

Ao longo dos anos, ao me deparar com pacientes que apresentavam formas de sofrer semelhantes à desse paciente, ressoavam em mim as inquietações daquela mãe que insistia em me dizer naquela época que aquele não era o momento de seu filho partir. O que a mãe temia? O que ela não via? Ou, mesmo, o que ela via? E eu? Que parâmetros tinha para pensar contrariamente a ela? Era o momento de seu filho partir?

Com efeito, muitas vezes os problemas que surgem na clínica – não só na clínica da psicose, mas também na de crianças e adolescentes – não são os pais insistindo para manter os filhos em análise e sim a finalização precoce do atendimento promovido pela resistência da família. Não foi assim com esse paciente, e de alguma forma essas questões ficaram em mim. Afinal, cabe a nós, analistas, dizer qual o momento de um paciente partir? Pode-se afirmar que o paciente adquiriu certa estabilidade emocional durante o processo?

Com essas questões permeando meu pensamento, aproximei-me do conceito que deu origem ao eixo teórico deste estudo: o objeto bom de Melanie Klein.

Melanie Klein, por carregar em si sensibilidade ao sofrimento humano e coragem de apresentar o novo – confiando nas suas observações e compreensões –, desbravou, então, caminhos inovadores para compreender e tratar a psicose. Ela desenvolveu um trabalho denso para compreender o psiquismo e todos os seus enclaves. Durante todo o meu percurso, sua obra impactou-me profundamente: a forma como ela compreendia o psiquismo assegurou-me a serenidade necessária, do ponto de vista teórico, diante das experiências vivas e inesperadas vividas com pacientes que apresentam essa modalidade de sofrimento.

Para essa autora, a instabilidade de um objeto bom apresenta-se como a origem da sintomatologia apresentada pelos quadros psicóticos. Assim, um dos objetivos da análise, considerando que experiências emocionais precoces e padrões de relacionamentos com objetos internos e externos são reencenados, via transferência, assim como elaborados nela, será contribuir para o analisando superar sua dificuldade inicial de estabelecer um objeto bom.

Mas, afinal, o que é esse objeto bom?

O objeto bom é a herança dentro de nós, em nossa realidade psíquica, de experiências prazerosas. Ou seja, "é o nome da experiência de encontro entre a necessidade da criança e o que o ambiente pode efetivamente proporcionar a ela" (Cintra, 2017 p. 143). Experiências boas quando bem estabelecidas no início da vida funcionam como uma fonte de segurança que permite ao sujeito sentir-se mais confiante em relação ao passado e ao futuro, tornando-se mais capaz de tolerar frustrações.

Klein (1957/1996, p. 267) não considerava que o retrospectivo estabelecimento de um objeto bom poderia desfazer as más experiências da tenra infância, mas, para ela, a análise poderia oferecer mais integração ao ego e deixá-lo mais forte.

Com essas considerações, questionei-me sobre a maneira como o processo analítico poderia ter atuado na reconfiguração do mundo interno de meu analisando, produzindo mudanças psíquicas. Afinal de contas, de alguma forma, a mãe parecia querer saber se haveria uma mudança psíquica que assegurasse mais estabilidade emocional ao seu filho para que ele pudesse interromper aquela análise.

Entender essa questão encaminhou-me para meu principal objetivo: elucidar, por meio da apresentação de fatos clínicos,[1] quais elementos do campo analítico poderiam evidenciar a presença de um objeto bom e suas possíveis ressonâncias na organização psíquica do paciente.

Klein diz que a natureza da psicanálise é diferente; consequentemente, a evidência que o analista pode apresentar é essencialmente diferente daquela referida pelas ciências físicas. Não se pode medir e classificar de forma rígida o funcionamento da mente inconsciente, portanto, não temos como apresentar dados concretos e objetivos. Isso, porém, não inviabiliza avaliarmos se ocorreram ou não mudanças psíquicas durante o tratamento do paciente.

Na psicanálise, como bem formulou Renato Mezan, para compreendermos uma mudança psíquica seria necessário:

> *Dispor de uma concepção sobre o que é a psique, sobre como e por que podem surgir perturbações no seu funcionamento, e sobre os meios através dos quais é possível intervir nos processos que nela operam, de*

---

1 Conforme Quinodoz (1994), fatos clínicos seriam uma construção realizada por analista e analisando na esfera do campo psicanalítico. Essa construção deriva não só da comunicação dos fatos ocorridos dentro e fora da sessão, como também dos sonhos, dos estados afetivos, das ações do analisando. Assim também pela técnica e teoria do analista. Portanto, um caso clínico seria múltiplos fatos clínicos psicanalíticos, relativos à produção da dupla analista e analisando.

> *maneira a favorecer modificações no sentido desejado, ou seja, a realizar na medida do possível os objetivos do tratamento... é preciso dispor de uma teoria que oriente o analista na compreensão e no manejo dos fenômenos emocionais que emergirão no decorrer da sessões, tanto no paciente quanto em seu próprio íntimo.*[2]

Então, tendo como norte as ideias de Melanie Klein, quando pensei em examinar de que maneira a análise pode ter atuado na reconfiguração do mundo interno do meu paciente, levei em conta a natureza pela qual ele vivenciava seus objetos internos, ou seja, a relação consigo mesmo e com os outros, e a maneira como introjetava-os no início e no final da análise. Além disso, eu também observava a forma como se modificavam as suas fantasias inconscientes, as suas ansiedades e defesas e, principalmente, a sua conexão com a realidade interna e externa.

Compreender o que fazemos dentro dos nossos consultórios e como o fazemos é de fundamental importância tanto para buscar cada vez mais a evolução do nosso método de trabalho como para reconhecer seu limite de atuação.

Com a finalidade de pensar as questões relativa ao material clínico, apoiei-me não somente no pensamento de Melanie Klein, mas também em autores que têm profundo conhecimento da sua teoria e puderam ampliá-la e trazer novas contribuições para o desenvolvimento da técnica, assim como para o campo teórico: W. Bion, J.-M. Petot, W. Baranger, T. Ogden, D. Meltzer, R. Caper e R. D. Hinshelwood, E. M. de U. Cintra e L. C. Figueiredo.

Pela associação livre, selecionei alguns fragmentos por meio dos quais pude apreender elementos significativos que apareciam

---

2 (Reunião científica do Grupo de Pesquisa "Psicanálise e desenvolvimento", Instituto de Psicologia da USP, nov. 2017)

na relação transferencial-contratransferencial com o analisando e propus um diálogo entre as experiências vividas na clínica e as elaborações teóricas a respeito, dando ênfase à percepção que tive de todos os envolvidos no processo: o paciente, seus pais e eu, a analista.

Os dois primeiros capítulos do livro não falam do caso clínico. O primeiro fala brevemente das angústias que permeiam a escrita da clínica e de como espero que o leitor possa compreender a verdade dessa escrita. No segundo, a hipótese da instabilidade de um objeto bom, conceito teórico vinculado a essa investigação clínica, apresenta-se como a origem da sintomatologia apresentada pelo paciente. Para poder então trabalhar com isso, convém uma breve apresentação de alguns conceitos kleinianos que permitam ao leitor acompanhar meu raciocínio. Se o leitor já tiver esse conhecimento, poderá prosseguir com a leitura diretamente para o caso clínico.

Na sequência, faço uma breve apresentação do caso. Apesar de essa ser uma tarefa difícil de alcançar, fiz um esforço, por meio das minhas associações e também de alguns registros das sessões, para apresentar os capítulos de acordo com a sequência em que me ocorreram no processo analítico, ou seja, demonstro situações de angústias e as defesas por elas evocadas no início do atendimento, durante e no término da análise.

Começo destacando, nos primeiros meses de atendimentos, a comunicação do paciente via identificação projetiva e a minha resposta emocional a essa comunicação: meus estados de *rêverie*.

Nos capítulos "*Setting*: um lugar de muitos significados" e "Misturados no *setting*: um ainda não é um, sigo examinando as experiências no *setting*, apresentando-as em dois momentos, e demonstro como vou captando as experiências vividas e as intervenções realizadas a partir dessa compreensão.

Na sequência, abordo a importância da contratransferência com os pais do paciente durante o atendimento e como pude usá-lá a favor do processo analítico.

Considerando que o *setting* é um espaço que pode promover experiências até então não vividas pelo paciente no seu ambiente familiar, sigo apontando porque entendo que, de alguma forma, Klein já tinha deixado isso implícito em seus escritos. A partir da perspectiva de Thomas Ogden, tento fazer uma relação entre as ideias do autor e as experiências do paciente.

Feito esse percurso, no último capítulo detenho-me nos impactos que surgiram no término da análise, situação que se mostrou também como um ponto de inspiração para uma reflexão sobre o caso.

Baseando-me nos fatos clínicos apresentados, busco sintetizar os elementos do campo analítico que puderam ser compreendidos como experiências boas (objeto bom) e as possíveis ressonâncias na organização psíquica do paciente advindas dessas experiências.

Embora tenha tentado criar capítulos independentes, minha sugestão é que sejam lidos sequencialmente. Penso que, dessa forma, o leitor poderá sentir o processo de análise assim como ele foi ocorrendo nas minhas associações.

Finalizo esta introdução assinalando que nossos analisandos vêm em busca de ajuda profissional, no entanto, *quando o encontro acontece*, não só o analista imprime algo no analisando como também este imprime algo no analista. Um encontro íntimo e verdadeiro faz bem para o humano e deixa marcas de afetos em quem o viveu.

Este livro é fruto da marca que um analisando imprimiu em mim. Essa marca impressa deu origem à minha dissertação de mestrado, defendida em 2020 na Pontifícia Universidade Católica de São Paulo (PUC-SP), sob a orientação de Renato Mezan, expandindo-se para este livro.

1. A escrita do caso clínico: meia verdade

A porta da verdade estava aberta,
mas só deixava passar
meia pessoa de cada vez.
Assim não era possível atingir toda a verdade,
porque a meia pessoa que entrava
só trazia o perfil de meia verdade.
[...]
Chegou-se a discutir qual a metade mais bela
As duas eram totalmente belas.
Mas carecia optar. Cada um optou conforme
seu capricho, sua ilusão, sua miopia.

Carlos Drummond de Andrade,
"A verdade dividida", 1985

Contar uma história que se passa num espaço de intimidade entre duas pessoas, preservando a intimidade do outro, sempre foi um desafio para o autor psicanalista. É uma travessia transpor o *setting* e tornar público nossos sentimentos, nossas ideias e percepções em relação à experiência com nossos analisandos, até mesmo porque, em alguns momentos, elas podem estar equivocadas.

Concordo com Sergio Telles (2012) quando diz que escrever a clínica é objeto de grande repressão por parte dos analistas, uma vez que, "de fato, o analista se expõe muito mais, ao mostrar aquilo que ninguém vê, o que se passa na privacidade de seu consultório, de sua clínica, e de sua prática" (p. 18). Apesar dessas dificuldades, sabemos do valor do material clínico para o avanço do conhecimento teórico e da atividade clínica.

As discussões provocadas por material clínico possibilitam não só modificar e ampliar nossa compreensão em relação a conceitos teóricos, mas também, e principalmente, afinar cada vez mais os nossos instrumentos de trabalho: observação, escuta, elaboração e compreensão dos processos de análises.

Ainda tendo em vista todos os benefícios da escrita e da publicação de um relato clínico, o analista precisa lidar não somente fora, mas principalmente dentro de si mesmo, com algumas questões no momento em que escolhe expor suas ideias: o analista está traindo o paciente ao partilhar com os outros um conhecimento que parecia de posse privada da dupla (analista e analisando)? Ou ao publicar o caso ele está contribuindo com a análise de outros analisandos que sofrem com as mesmas angústias e as mesmas dores do caso publicado?

Essas foram questões assinaladas por Ronald Britton (2003a, p. 224) no texto *Ansiedade de publicação*, ao falar das ansiedades que o analista enfrenta diante da publicação dos seus escritos. Ansiedades essas que serão inevitáveis e que suscitarão uma sustentação por parte do analista que desejar não apenas praticar a psicanálise na sua clínica, mas também transmiti-la por meio da publicação dos seus escritos.

Freud, em notas preliminares ao texto *Fragmentos da análise de um caso de histeria* (1905/1996), já assinalava a dificuldade que encontrava em relatar histórias clínicas. Para ele, se é verdade que as causas das perturbações deviam ser encontradas na intimidade da vida psicossexual dos analisandos, e que os sintomas seriam a expressão de seus desejos mais secretos e reprimidos, a elucidação completa de um caso clínico implicaria, então, a exposição dessas intimidades.

No entanto, ainda segundo Freud (1912), o médico assume deveres não só em relação ao analisando individual, mas também em relação à ciência, e seus deveres para com a ciência significam, em última análise, nada mais que seus deveres para com os inúmeros outros analisados que sofrem ou sofrerão um dia do mesmo mal. Portanto, ele considerava imprescindível o relato clínico para o desenvolvimento da ciência.

Freud também não deixou de apontar alguns cuidados que nós, analistas, deveríamos ter ao fazer a seleção de um caso clínico para publicá-lo. Primeiramente, deve-se selecionar um caso que não está em atendimento, já que "casos que são dedicados, desde o princípio, a propósitos científicos, e assim tratados" prejudicaram o tratamento. "A conduta correta para um analista é submeter o material obtido a um processo sintético de pensamento somente após a análise ter sido concluída" (Freud, 1912/2006, p. 128).

Ele chama a atenção, ainda, para, na hora da escrita, não nos apegarmos a detalhes triviais da vida do paciente, uma vez que esses detalhes, além de não corresponderem ao material que será investigado para pensar a sintomatologia, poderiam vir a possibilitar a identificação do paciente. Depois de Freud, muitos outros analistas apresentaram reflexões a respeito da escrita de histórias clínicas.

Moore (1994) apresenta um fato interessante ao assinalar que a publicação de apresentações clínicas detalhadas é bem menos frequente que de trabalhos teóricos ou até mesmo de trabalhos que se limitam à exposição somente de vinhetas clínicas.

34 A ESCRITA DO CASO CLÍNICO: MEIA VERDADE

Conforme sua compreensão, a razão disso está relacionada ao fato de que, diante da apresentação de relatos mais detalhados, é comum ouvir comentários críticos de outros colegas de profissão, para os quais "Isso não é análise". Críticas assim fazem o analista escritor sentir-se desqualificado no âmbito profissional, desencadeando um sentimento de desfiliação e rejeição. Esses sentimentos poderiam ser classificados inconscientemente sob a mesma rubrica de "ser abortado". Assim, o grupo, os colegas de profissão, podem vir a funcionar como destinatários de uma fantasia de "mãe má" que mutila e abandona, que é intrusiva e impede a expressão da singularidade do *self*. À vista disso, o analista escritor passa então a se sentir como um bebê que foi rejeitado, ou seja, "abortado" por essa mãe má.

Por outro lado, Moore (1994) menciona que, ao longo da história, as inúmeras apresentações de material clínico, acompanhadas do fato de que o analista que apresentou o material não foi "abortado" pelo grupo, contrapõem-se à fantasia de "mãe má" e reforçam a experiência de "mãe boa" que, por tolerar uma experiência de intimidade, estimula o desenvolvimento singular de cada membro do grupo e viabiliza avanços na ciência psicanalítica.

Considerando as observações desse autor, a escrita deste relato clínico não deixa de ser fruto de uma experiência de "mãe boa" proporcionada por uma afiliação psicanalítica que, apesar de ter de lidar com os problemas complexos e sérios advindos da publicação de narrativas da clínica, persiste em seu compromisso de continuar pensando a partir de uma experiência para chegar a outras.

Lembremos, como diz Thomas Ogden (2010), que "uma experiência não pode ser contada ou escrita; uma experiência é o que é" (p. 140). Portanto, diante de um relato escrito de uma experiência de um analista com seu analisando, temos de ter em vista que o que se está lendo não é a experiência em si, mas a criação do escritor de uma "nova experiência (literária) enquanto – aparentemente – escreve a experiência que ele teve com o analisando. Ou seja, o analista, ao escrever.

> *Está sempre colidindo contra uma verdade paradoxal: a experiência analítica (que não pode ser dita ou escrita) deve ser transformada em "ficção" (uma versão imaginativa de uma experiência em palavras), para que a verdade da experiência seja transmitida ao leitor.* (Ogden, 2010, p. 140)

Temos de ter em mente que, ainda que imaginemos que estamos expondo algo que ocorreu no campo analítico, isto é, abrindo a porta da verdade, como diz o poeta na epígrafe, citado no início deste capítulo, essa verdade é dividida em duas metades: a do analista e a do analisando. E a experiência de um pode ser bem diferente da do outro.

Expressarei aqui neste texto somente a verdade que foi experimentada dentro de mim, como a captei, de acordo meu capricho, minha ilusão e até minha miopia. Penso ser mais importante aqui não os fatos em si, mas a transmissão de como nós, psicanalistas, temos um jeito muito particular de trabalho com nossos pacientes. O que considero minha verdade é a forma como faço contato com meus pacientes, como eles se alojam dentro de mim e como muitas vezes é difícil esquecê-los.

A partir de um olhar retrospectivo sobre o atendimento ocorrido e encerrado há alguns anos, fiz um recorte de alguns fragmentos das sessões, pois, como diz Renato Mezan (1998), se o assunto é a evolução de um processo terapêutico, o método tem de ser descrever as experiências e "formar hipóteses razoavelmente plausíveis sobre por que as coisas se passaram desta maneira e não de outra" (p. 452).

Assim, refiro-me aqui a alguns episódios específicos da análise de um analisando não com objetivo de dar uma explicação exclusiva da sua dinâmica inconsciente. Mas, devido às exigências do método clínico, forçosamente tive de entrar em alguns aspectos do caso para amparar as minhas inferências sobre a modalidade de sofrimento de que falo neste livro.

É importante assinalar que há elementos no material clínico que foram devidamente modificados com objetivo de garantir que não houvesse a identificação dos sujeitos envolvidos. Gabbard (2000) sugere algumas formas de cuidado para trabalharmos com o material clínico. Na apresentação desse relato, fiz uso de algumas de suas sugestões para trabalhar com o material clínico.

Peço que o leitor considere que embora a história analítica de John – nome fictício dado ao analisando[1] – tenha existido, tudo o que diz respeito exclusivamente a ele – seu cotidiano, moradia, nome, sobrenome, ou tudo o que possa vir a identificá-lo – não consta nestas páginas. O leitor encontrará aqui somente o que de John era comum aos outros que, como ele, sofrem de uma mesma angústia, das mesmas dores. Portanto, esse relato clínico carrega condensadas nele várias outras experiências da minha clínica a partir de mim.

Para a elaboração de algumas experiências, precisamos de testemunhas que nos viabilizem transformar nossas vivências em uma experiência compartilhada. Ler casos publicados sempre foi o caminho pelo qual pude fazer ligações entre prática e teoria, minha grande fonte de conhecimento. Assim, não poderia deixar também de transmitir esse aprendizado pelos mesmos caminhos pelos quais o aprendi. Segundo Renato Mezan (1998):

---

[1] Devido à associação que fiz ao matemático John Nash, que teve sua vida retratada no livro Uma Mente Brilhante.

O que nos leva a criar conceitos e hipóteses é sempre a sensação (ou evidência) de que algo "não faz sentido", e o objetivo da elaboração teórica é precisamente passar a dispor de uma lente através da qual aquilo "possa fazer sentido". Por outro lado, submeter essa elaboração ao exame público da comunidade por meio de um artigo, de uma comunicação em colóquio, etc. possui também um efeito reassegurador, que poderíamos dizer quase terapêutico: o público (real ou imaginário, sob a forma de um interlocutor com quem dialogamos ao escrever) tem a mesma função continente que o analista em sessão, pela boa e simples razão de que colabora com a transformação (nesse caso, sublimação) de uma tensão pulsional. (p. 486)

Desse modo, creio que, para mim, a escrita deste livro diz respeito não somente ao fato de essa investigação clínica contribuir com subsídios para o tratamento de pacientes que romperam com a realidade em alguns momentos das suas vidas, mas também não deixa de ser uma forma de elaboração da minha própria dor mental, sentida a cada encontro com analisandos que parecem exigir de mim viver determinadas emoções antes de pensá-las.

Afinal, como diz Winnicott (1947/2000), "a pesquisa psicanalítica seria, talvez, em algum grau, uma tentativa de o analista de levar a sua própria análise a um nível mais profundo que aquele que lhe foi possibilitado pelo seu analista" (p. 279).

E por que não tentar ir a um nível mais profundo?

2. Teoria da mente: as posições e o objeto bom

Por meio da criação da teoria das posições esquizoparanoide e depressiva, temos a noção da escuta refinada que Melanie Klein pôde exercer na clínica. A composição de dois agrupamentos básicos de ansiedades, defesas e relações de objetos não só organiza experiências que são muito evidentes na clínica, para transpô-las para o campo teórico, como também tem um valor técnico excepcional, visto que esses agrupamentos podem funcionar como uma bússola, ajudando-nos a compreender qual o momento emocional que o paciente pode estar atravessando dentro do processo analítico.

A relação dos pacientes com seus objetos internos será o grande foco do analista, uma vez que as passagens de uma posição à outra e as oscilações entre ambas acompanham as modificações dos objetos internos, que estão em constante interação com os objetos externos. Vale lembrar que, no início da vida, essa interação acontece entre mãe e filho. Posteriormente, ela se amplia para os demais membros da família e, durante uma experiência de análise, é o analista que ocupará – via transferência – o lugar de qualquer um desses personagens na fantasia do paciente.

Nesse sentido, o analista terá de acompanhar o movimento contínuo entre as duas posições e observar desde períodos de integração, que levam ao funcionamento da posição depressiva, até períodos de desintegração, que resultam num estado esquizoparanoide (Steiner, 1997, p. 45).

A teoria das posições abrange todas essas experiências, tendo em vista que o conceito de posição tem como foco a totalidade situacional e a dinâmica da relação entre sujeito e objeto. Uma posição irá se definir simultaneamente pelo tipo de angústia predominante na situação considerada e pelo tipo de relação de objeto envolvido nela, pelas modalidades de defesas apresentadas e pela qualidade de fantasias ativadas (Baranger, 1981). Ogden define muito bem as posições ao dizer que:

> são organizações psicológicas que geram domínios distintos da experiência ou estado de ser. O Sujeito não abandona a posição esquizoparanoide no "limiar" da posição depressiva; pelo contrário, ele estabelece, com maior ou menor êxito, uma relação dialética entre as duas, um relacionamento no qual cada estado cria, preserva e nega o outro, assim como ocorre com a mente consciente e inconsciente no modelo topográfico de Freud. (Ogden, 2017, p. 77)

As posições estarão sempre entrelaçadas. Para discorrer sobre as intercorrências que podem inviabilizar a firme internalização desse objeto bom, apresento as características de cada posição e como podemos compreender a internalização desse objeto bom em relação a cada posição.

A posição esquizoparanoide

O bebê nasce com sua carga pulsional: grandes polaridades que governam a vida psíquica (pulsão de vida e pulsão de morte). A pulsão de vida, representante do amor, é uma tendência para a integração, e a pulsão de morte, representante do ódio, é uma tendência para a desintegração (Malcolm, 1989, p. 59). Diante do impacto da luta entre as duas pulsões, é acionada, desde o início da vida, uma das principais funções do ego: o domínio da ansiedade" (Klein, 1958/1996). Essa ansiedade é sentida como medo de aniquilamento (temor à vida) e tomará a forma de medo de perseguição.

Na medida em que o bebê é exposto a situações de desconforto, como a perda do estado intrauterino, intercorrências durante o nascimento, adaptação ao ambiente, todas essas situações são sentidas pelo bebê como ataques por forças hostis, produzindo um grande temor em relação à sua sobrevivência. Diante dessa angústia, o ego incipiente do bebê é convocado a desenvolver, desde o início da vida, mecanismos de defesa, como a projeção, a introjeção, a cisão e a identificação projetiva. Nesse período, todos esses mecanismos interagem constantemente, viabilizando a constituição do psiquismo, assim como podem produzir enclaves caso as interações com o ambiente não sejam estabelecidas de forma saudável.

Qualquer estímulo (interno e externo) recebido pelo bebê gerará fantasias. Os estímulos desagradáveis produzirão fantasias agressivas, e os estímulos gratificantes, fantasias prazerosas. A interação entre essas duas experiências, de prazer e desprazer, via mecanismos de projeção e introjeção, constituirá o ego, os objetos internos, o superego e, portanto, o mundo interno.

Nos primeiros 3 meses de vida, a posição esquizoparanoide seria o primeiro recurso do bebê para estruturar as suas experiências. Nessa etapa, o ego ainda é muito frágil, e ansiedades primitivas o convocam a mobilizar defesas, também primitivas, mas que são fundamentais para o desenvolvimento mental, se puderem seguir seu fluxo e serem modificadas durante a posição depressiva. Caso isso não venha a ocorrer, ansiedades de natureza psicótica podem ser revividas, desencadeando na vida adulta quadros clínicos como o caso do paciente John, apresentado nos capítulos seguintes.

No artigo "Notas sobre alguns mecanismos esquizoides" (1946/1996, p. 24), Klein apresenta inúmeras contribuições para o trabalho com pacientes com sintomatologias correspondentes à posição esquizoparanoide. Passa, inclusive, a incluir o termo "esquizo", visto que, no texto de 1935 (Klein, 1935/1996), falava-se somente de posição paranoide. Nesse artigo, identificamos quanto Klein examinou as características do ego arcaico e as defesas que ele é forçado a desenvolver para lidar com a ansiedade no início da vida. Os processos de cisões tiveram grande destaque nesse trabalho.

A necessidade de dominar a própria angústia de aniquilamento – medo de ser devorado, envenenado, morto – é a força propulsora para cindir o seio e a mãe, externa e internamente, por um lado, num objeto protetor amado, e, por outro, num objeto amedrontador e odiado. Essa cisão será a estratégia defensiva do ego para se desenvolver, uma vez que separar a mãe boa da mãe má possibilitará ao bebê ultrapassar suas primeiras experiências de vida, em que, devido a seu ego ainda ser muito frágil, a desintegração estará muito presente.

A capacidade de clivagem, separando as experiências boas das ruins, nesse período da vida será extremamente necessária para a internalização das primeiras experiências boas do bebê, ou seja, para a internalização do objeto bom originário. Conforme Segal (1975, p. 37), esse é um momento de o bebê se manter identificado com um objeto ideal, pois essas primeiras experiências de gratificação introjetadas pelo ego estariam, ainda que parcialmente, protegendo a integridade e os limites do ego.

Os processos de cisão dentro do ego ou em relação ao objeto mantêm a parte boa do ego e o objeto bom até certo ponto protegidos, já que a agressão é desviada deles. Desse modo, as experiências boas com o seio materno tornam-se o núcleo do ego, visto que os aspectos bons da mãe preencherão o mundo interno do bebê, tornando-se material para identificação (Klein, 1963/1996).

> *Junto com a necessidade de cindir, existe, desde o início da vida, uma tendência à integração, que aumenta o crescimento do ego. Esse processo de integração baseia--se na introjeção do objeto bom, primordialmente um objeto parcial – o seio da mãe, embora outros aspectos da mãe também entrem até na mais antiga relação. Se o objeto bom é estabelecido com relativa segurança, ele se torna o cerne do ego em desenvolvimento. (Klein, 1963/1996, p. 341)*

No entanto, a firme internalização de um objeto bom originário pode acontecer ou não. Isso dependerá da forma como se realizarão os processos de cisão, assim como da capacidade de amar do indivíduo.

Se a cisão se realizar de forma satisfatória, ela possibilitará a identificação do bebê com um objeto ideal; consequentemente, favorecerá um bom encaminhamento para a posição depressiva. Do contrário, caso ocorra de forma patológica, ou seja, de uma maneira excessiva, resultará em fixações, acarretando e inviabilizando o fluxo do processo de projeção e introjeção, bem como o crescimento psíquico.

Alguns fatores contribuem para que essa cisão se realize de forma patológica: podem estar ligados à fragilidade do ego, às dificuldades no início da vida, ao ambiente no qual o bebê está inserido, entre outros fatores.

44 TEORIA DA MENTE: AS POSIÇÕES E O OBJETO BOM

A fragilidade egóica está relacionada tanto à existência de uma característica inata (pulsão de morte predominando sobre a pulsão de vida), que viabilizará a predominância dos impulsos destrutivos e invejosos, quanto a algumas dificuldades no início da existência: se o nascimento foi difícil e se, particularmente, resultou em complicações como falta de oxigênio, ou alguma doença congênita, todas essas circunstâncias podem perturbar a adaptação ao mundo externo, tornando a capacidade do ego de se integrar ainda mais difícil (Klein, 1957/1996).

Nesse aspecto, o ambiente também tem influência para que a cisão aconteça de forma patológica: se a criança é ou não bem alimentada e cercada de cuidados maternais; se a mãe tem ou não uma disposição para os cuidados com a criança; se ela é ansiosa ou tem dificuldades psicológicas com a amamentação, todos esses fatores influenciam a capacidade de o bebê receber o leite com prazer, internalizando o seio bom (Klein, 1957/1996, p. 210).

Para Klein, a busca pela integração é a função primordial do ego no início da vida; no entanto, há um paradoxo, já que a integração se faz num interjogo entre cisão e união. A integração só pode ocorrer se houver uma cisão bem-sucedida, pois ela permite ao ego desintegrado desenvolver uma identificação com o seio bom. Na ausência dessa internalização, não será possível sintetizar ambos os aspectos do objeto (bom e mau) na posição depressiva sem primeiro ter realizado a possibilidade de discriminá-los.

Minha hipótese, portanto, é que a capacidade de amar promove tanto as tendências integradoras quanto o sucesso da cisão fundamental entre objeto amado e odiado. Isto soa paradoxal. Mas, como já disse, uma vez que a integração baseia-se em um objeto bom firmemente enraizado que forma o núcleo do ego, um certo montante

> *de cisão é essencial para a integração, por preservar o objeto bom e mais tarde capacitar o ego a sintetizar os dois aspectos do objeto. (Klein, 1957/1996, p. 223)*

O objeto, no início da vida do bebê, é parcial e, por causa da cisão dos impulsos que separa o amor do ódio, torna-se um objeto idealizado. A idealização, nesse período, além de ser intensa, será necessária não apenas porque amor e ódio permanecem amplamente cindidos, mas porque a construção de um objeto muito bom (idealizado) é importante para combater a periculosidade extrema dos objetos persecutórios (Cintra & Figueiredo, 2010, p. 108).

> *À medida que os processos de cisão, projeção e introjeção ajudam a ordenar suas percepções, e a separar as boas das más, o bebê se sente confrontado com um objeto ideal – que ele ama, tenta adquirir e conservar, e com o qual se identificar para contrapor o objeto mau, no qual projetou seus impulsos agressivos, que é sentido como uma ameaça ao próprio bebê e a seu objeto ideal. (Segal, 1975, p. 67)*

Portanto, se o bebê tiver capacidade de amar suficientemente, não predominarão os impulsos invejosos, viabilizando que a cisão não seja excessiva; consequentemente, o bebê poderá internalizar um objeto bom originário que corresponderá a "um ponto focal no ego", favorecendo, assim, uma organização gradual do seu universo.

Ademais, não haverá uma divisão nítida de ambos os objetos, se a inveja for excessiva. O fato de o indivíduo não conseguir fazer a distinção entre o bom e o mau objeto faz instalar-se um estado de confusão, que não permite haver uma edificação do objeto bom originário. Assim, a constituição de um núcleo organizador do ego e do superego ficará obstruída (Klein, 1946, p. 225). Na visão de Klein, um dos fatores que contribuem para essa confusão é a voracidade primitiva do bebê. Nas suas palavras:

> *A voracidade é um fator importante nessas identificações indiscriminadas, pois a necessidade de obter o melhor do que quer que seja interfere na capacidade de seleção e discriminação. Essa incapacidade está bem ligada à confusão entre o bom e o mau que surge na relação com o objeto originário. (Klein, 1946/1996, p. 25)*

Assim, a cisão se dará de forma excessiva. Os objetos serão então extremamente idealizados, tanto do ponto de vista positivo quanto do negativo. Defesas como a idealização, a negação e a identificação projetiva também ocorrerão de maneira excessiva. Todos esses mecanismos darão origem a um senso de fragmentação e despedaçamento que conduz aos estados psicóticos.

A inveja predominando impedirá que uma boa experiência (um objeto bom) seja plenamente aproveitada. Consequentemente, o bebê não poderá guardar dentro de si uma experiência de satisfação que poderia funcionar como uma fonte de segurança, de modo que mesmo as boas experiências não são incorporadas ao ego a fim de promover a força e o crescimento psíquico.

Cisão, identificação projetiva, negação da realidade psíquica e idealização são defesas necessárias tanto na saúde quanto na doença. A diferença é que, na patologia, elas ocorrem de maneira excessiva, produzindo uma fragmentação em pedaços minúsculos, tanto do objeto como do *self*. Na saúde, elas funcionam como um grupo misto e equilibrado.

Isso posto, podemos pontuar a importância da internalização de boas experiências, ou seja, um objeto bom primário na posição esquizoparanoide, para o encaminhamento saudável da posição depressiva. Ocorrendo perturbações, ocorrerá, nesse processo, uma "regressão não a uma fase do desenvolvimento normal, mas a uma em que estavam presentes perturbações psicológicas, criando bloqueios para o desenvolvimento e constituindo pontos de fixações" (Segal, 1975, p. 66).

A conclusão a que se chega a partir disso é que elementos favoráveis vivenciados na posição esquizoparanoide criarão condições para a posição depressiva.

Posição depressiva

Embora dentro do processo evolutivo a posição esquizoparanoide (Klein, 1946/1996) realize-se antes da posição depressiva, Klein formulou primeiramente esta. Muitos estudiosos da obra da autora consideram que a criação desse conceito tenha se imposto a ela no quadro de reflexão sobre o trabalho de luto, que teve de realizar para superar a perda de seu filho primogênito, Hans, morto em 1934, aos 27 anos, num acidente nas montanhas suíças (Petot, 2016).

No ano seguinte, o artigo "Uma contribuição à psicogênese dos estados maníaco-depressivos" (1935/1996) é publicado. Nele, Klein apresenta uma composição esquematizada das suas ideias referentes à posição depressiva. Passa, então, a dar grande destaque não mais ao sadismo infantil, mas sim ao objeto bom, representante da pulsão de vida.

Klein examinou os estados depressivos e sua relação com a paranoia. O material utilizado por ela para compreender esse fenômeno não estava relacionado somente aos casos de pacientes que já apresentavam sintomas importantes, como as neuroses graves e os casos fronteiriços, mas também aos casos de pacientes adultos e crianças que apresentavam tendências paranoicas e depressivas em vários graus e formas diferentes. Ainda que Klein estivesse buscando uma compreensão da doença, é importante observar que ela examinou esse material de vários ângulos, e aquilo que era para ser uma teoria para compreender a doença maníaco-depressiva passou então a ser uma teoria da mente.

A ideia central da posição depressiva é que, por volta dos 4 a 6 meses, período do desmame, uma importante mudança relativa ao desenvolvimento ocorre na vida do bebê: uma mudança de uma relação apenas com um objeto parcial para a identificação de um objeto total. Essa mudança ocorre "à medida que o ego se torna mais organizado, as imagos internalizadas vão se aproximando da realidade e ele se identifica de forma mais completa com os objetos 'bons'" (Klein, 1935 p. 306).

Klein assinala com isso que o ego se torna mais organizado à proporção que as imagos internalizadas se aproximam da realidade. Entretanto, cabe a pergunta: o que organiza o ego para as imagos se aproximarem da realidade e promoverem essa mudança de um objeto parcial para o objeto total?

Aqui podemos considerar que há vários fatores envolvidos: desde fatores maturacionais, que incluem uma diminuição da intensidade dos instintos e um desdobramento das capacidades cognitivas, até a estabilização da capacidade do teste da realidade e da memória. Todos esses fatores contribuirão para uma melhor síntese das percepções, possibilitando ao bebê uma relação nova com a mãe: ela se torna não somente uma mãe fantasticamente boa (objeto parcial-idealizado) porque o gratifica, mas também uma mãe má (objeto parcial-mau) quando o frustra. A mãe compõe-se, dessa forma, como figura mista (objeto total = objeto bom e mau), ou seja, amor e ódio pelo mesmo objeto.

Portanto, a capacidade de ver pessoas como totalidades não dependerá somente de um atributo do aparelho perceptual, ou seja, ver os olhos, a face, o seio (ver a mãe corporalmente completa), mas dependerá também de uma realização emocional: sentir as experiências de prazer e desprazer advindas da mesma fonte. Nesse processo, há duas sínteses que precisam ser realizadas: uma no plano perceptivo (imagem da mãe), outra no nível emocional: a integração dos sentimentos opostos (amor e ódio).

A grande mudança de percepção levará o bebê a ocupar uma nova posição frente à mãe. O bebê, ao perceber que a mãe não é extensão dele mesmo, e sim um ser diferente, poderá sentir a ausência dela, pois, como diz Klein (1935/1996), "só quando o objeto é amado como um todo é que sua perda pode ser sentida como um todo" (p. 306). Antes disso, o bebê em vez de sentir a perda, ele vivenciará as ausências como a presença de algo ruim.

Um novo conjunto de angústias e sentimentos ambivalentes se apresentará diante dessa nova percepção, consequentemente, novos mecanismos de defesas também surgirão. Ao se relacionar com a mãe inteira, o bebê se dará conta de que as fantasias destrutivas direcionadas aos objetos parciais estarão direcionadas à mãe inteira (objeto total). Quando tem essa percepção, passa então a sofrer não só com a fantasia de perda do objeto, mas principalmente porque passa a sentir culpa após relacionar as ausências da mãe aos seus ataques. Surge então a ansiedade depressiva, que consiste numa preocupação com o objeto. Ou seja, o bebê pode vivenciar não só o medo de que tenha destruído ou estragado o objeto(mãe), mas além disso teme não conseguir restaurá-lo.

A internalização do objeto unificado, que acontece na posição depressiva, implica passos importantes na integração do ego, pois viabiliza a identificação com o objeto bom integrando-o ao ego. Esse é o ponto crucial para a escolha da neurose ou psicose, pois, nesse momento de transição, o ego pode enfrentar dificuldades para dominar a ansiedade por meio dos novos mecanismos de defesa.

O que está em jogo na posição depressiva não é somente a sobrevivência do ego, como no caso da posição esquizoparanoide, mas também uma profunda preocupação com o objeto. Essa é a significativa diferença entre uma posição e outra.

Nesse momento, a situação emocional da mãe é muito importante, pois, se ela parecer deprimida, irritada ou magoada, a culpa e o desespero da criança aumentam. Todavia, se a mãe estiver bem ou, ao menos, for capaz de acolher a criança em desespero, as fantasias destrutivas que causam medo diminuem, assim como aumenta a confiança da criança nos seus anseios de reparação.

É importante lembrar que a construção do conceito de posição depressiva teve como base as descobertas de Freud e Abraham sobre o luto e a melancolia, investigações que estavam relacionadas ao medo da perda do objeto amado. Para Freud, algumas pessoas são mais tolerantes a perdas do que outras. Ele mostrou a diferença entre o processo de luto normal e o patológico, que desemboca na melancolia. No luto normal, a pessoa pode permitir ao objeto amado ir embora, pois ela está apta a refazer vínculos, reinvestindo em outros objetos, ao contrário do melancólico, que carrega um objeto moribundo que não pode ser abandonado.

No texto *O luto e suas relações com os estados maníaco-depressivos*, Klein (1940/1996) apresentou o luto entre os fenômenos da posição depressiva, concluindo que a perda da pessoa amada reativaria a posição depressiva infantil: "a perda do objeto bom externo produziria uma sensação inconsciente de também ter pedido o objeto bom interno" (p. 385). A tolerância a essas experiências de perda depende da qualidade da relação estabelecida com o objeto bom.

Klein segue o pensamento de Freud, considerando que a perda do objeto amado desencadeia o ódio inconsciente em relação a ele, o que resulta no conflito da ambivalência – um estado geralmente inconsciente em que o amor e o ódio coexistem e referem-se ao mesmo objeto. A dor do luto é provocada pela culpa de odiar um objeto pelo qual reconhecemos nosso amor.

É meio enlouquecedor percebermos que estamos odiando a quem tanto apreciamos. Essa constatação produz muita angústia, pois odiar e amar simultaneamente leva-nos ao sentimento de culpa e à sensação de que perdemos algo de bom em nós. Esses sentimentos ambivalentes ocorrem tanto em relação a nós mesmos como em relação às pessoas do mundo circundante, ao nosso trabalho e até em relação à própria vida. Entretanto, é a capacidade de suportar e elaborar as ansiedades advindas por esses sentimentos que determinará a saúde mental.

Por exemplo, no luto saudável, embora a pessoa possa, num primeiro momento, abolir seu interesse pelo mundo, logo o recupera. A pessoa é capaz de restabelecer os objetos amados perdidos de forma mais separada, fortalecendo o ego em sua tarefa de reconstruir novos laços afetivos. Isso significa que, mesmo com toda a dor e a frustração, a pessoa conseguiu conservar o amor pelo objeto perdido internalizado como um objeto bom. Com tal integração adquirimos mais força de caráter e, consequentemente, mais maturidade emocional para lidar com os conflitos entre os nossos desejos e as exigências da realidade.

Terá de ocorrer uma identificação com esse objeto bom, pois só assim será fortalecido o sentimento de confiança daquilo que é bom tanto no objeto como no *self*. Se o bebê consegue estabelecer dentro de si mesmo uma mãe boa, atenciosa, generosa, essa identificação com o objeto bom exercerá uma influência benigna pelo resto da vida. Ele sentirá não de forma consciente a presença dos pais bons dentro de si, mas sentirá como algo dentro da sua personalidade que tem a natureza da bondade e da sabedoria. Isso gerará confiança em si mesmo, assim como o ajudará a superar o medo de ser uma pessoa ruim, possibilitando, assim, que ele tenha a sensação de poder controlar o seu ódio.

O fato de a posição depressiva estar relacionada à maior confiança no objeto bom interno não quer dizer que esses resultados não possam ser desfeitos temporariamente. Questões internas ou externas provocam depressão e desconfiança tanto de si mesmo como das pessoas. Contudo, a capacidade de emergir de tais estados depressivos e reconquistar o sentimento de segurança interno é o critério para adquirir maturidade e saúde mental. A firme internalização desse objeto bom não é garantia de que a pessoa não sentirá em si angústias promovidas pela própria existência, apenas possibilitará que, diante delas, a pessoa recupere sua capacidade de pensar, preservando em si uma mente dotada de um movimento para a integração.

Contudo, pessoas cuja constituição egoica é frágil, porque não puderam ter como base primária o objeto bom estabelecido, diante de pequenas rejeições, frustrações, perdas, são mais impactadas e acumulam experiências traumáticas e depressões.

Sob tal análise, é fundamental considerar que a maturidade se liga intimamente com a capacidade de elaboração da perda, pois a primeira perda objetal da criança não é concreta, mas é a perda de uma ideia de um objeto ideal. Na clínica, ao observar essas experiências em nossos pacientes, notamos que o nível de exigência com eles próprios e com o mundo diminui. O paciente passa a acolher as suas limitações e as das pessoas que o cercam, assim como se torna responsável pelos seus vínculos afetivos. Por isso, Klein considerava o luto produtivo e necessário para o desenvolvimento.

Na análise, o paciente, ao se sentir compreendido, ou seja, alimentado de forma satisfatória, pode sentir sua dor diminuir, assim como pode também aumentar sua capacidade de suportá-la. Qualquer uma das situações suaviza a força das fantasias de natureza aterrorizante e possibilita a internalização de experiências boas pelo ego, tornando-o mais forte e estável.

Dessa forma, instaura-se o ciclo benigno que favorece o fluxo do desenvolvimento: por um lado, diminuir o terror dentro de si viabilizará maior adaptação à realidade, por outro, a adaptação à realidade ajuda a reduzir as fantasias. Nos próximos capítulos demostro esses processos por meio da apresentação do caso clínico.

De acordo com Klein, um objeto bom internalizado é uma das precondições para um ego integrado e estável e para boas relações de objeto, visto que a aceitação do objeto separado de si mesmo permitirá desenvolver uma capacidade de ter empatia e fazer reparações. Para o indivíduo querer consertar algo, terá primeiro de suportar a culpa por ter lhe causado algum dano. A internalização de um objeto bom funciona como uma fonte de esperança, uma reserva afetiva, contribui para que o indivíduo possa lidar com a culpa sem entrar em desespero, promovendo um ciclo benigno.

É fundamental que o bebê possa se satisfazer com as suas primeiras experiências, pois essa gratificação será a base para que aconteça uma clivagem não tão estanque. Os objetos bons e maus são experimentados como próximos, ou seja, pertencentes ao mesmo objeto. A cisão, na posição depressiva, diferentemente da posição esquizoparanoide, não é uma cisão excessiva em que os objetos se apresentam com formas extremistas (extremamente bom – idealizado – ou extremamente mau); é uma cisão mais curta, movida pelo processo de integração do ego.

A relação com um objeto interno bom– proveniente das primeiras experiências de satisfação com a mãe– implica o fato de a pessoa se sentir ajudada, orientada por uma presença interna. Esta presença interna é o que favorecerá a superação de lutos. A pessoa poderá contar com uma companhia interna que lhe dá força e conforto em momentos de frustrações, rejeições, perdas etc. (Klein, 1963/1996) diferentemente da vivência de pacientes que apresentam ansiedades de natureza esquizoparanoide. Suas relações objetais, tanto internas quanto externas, são permeadas por um medo, sentem-se subordinados e encurralados. Quando observamos essa atmosfera predominante do mundo interno do paciente ao longo das sessões, pode-se inferir que houve um fracasso na elaboração dos lutos durante a posição depressiva infantil e o paciente não está podendo preservar uma companhia interna que ofereça conforto.

E, nesses casos, quando o indivíduo não dispõe de um objeto bom de identificação, o trabalho de análise será desenvolver esse objeto. Klein diz ter conservado um certo otimismo sobre o resultado dos tratamentos com esses pacientes, com base "no fato de que há uma ânsia por integração mesmo em pessoas doentes. Há uma relação mesmo que não desenvolvida com o objeto bom e o *self* bom" (Klein, 1963/1996, p. 344).

Reconheço esse fato na experiência com o paciente que apresento nos capítulos seguintes.

3. Apresentação do caso clínico: John vem até mim

Penso ser importante descrever como a análise de John começou, porque isso revela o caminho pelo qual foi se estabelecendo a transferência.

O paciente foi encaminhado por uma amiga que considerava grave o quadro clínico dele. Ela não tinha disponibilidade para atender casos como esse, portanto havia pensado em mim, considerando que seria um caso com o qual eu gostaria de trabalhar.

Recebi John no meu consultório. Logo após conversar com meu futuro analisando, solicitei que sua mãe entrasse na sala. Ela, então, me disse que minha amiga havia me enviado um grande "abacaxi", e, assim como minha amiga, ela agora me entregava o problema, pois, embora estivesse ali naquele primeiro encontro, não viria mais. A partir daquele momento, ele teria de se virar e vir sozinho, pois há muito havia cortado o cordão umbilical.

Ainda que por razões diferentes, eu estava diante de duas situações em que, de alguma forma, queriam entregar o paciente a mim. Minha amiga, pela linha de trabalho que preferia desenvolver, não pôde recebê-lo e entendia que eu iria me interessar por ele. A mãe, que me informava que já havia muito se separara dele. É claro que, diante dos fatos, surgiram-me perguntas:

"Por que não o querem?" "Por que querem entregá-lo a mim?"

Ainda me lembro da imagem que emergiu na minha mente: a criança que é deixada na porta de alguém. Por alguma razão, quem entrega a criança carrega a esperança de que a pessoa que abrirá a porta irá cuidar dela e amá-la mais do que ela mesma. Tanto minha amiga quanto a mãe pareciam projetar em mim essa esperança. E foi assim que se deu meu primeiro contato com esse paciente. Meus devaneios estavam permeados por imagens que expressavam entrega, amor e esperança. Foi um bom começo!

John tinha cerca de 20 anos, filho único, morava com os pais. Quando chegou para análise, fazia uso de medicamentos e recebera o diagnóstico de esquizofrenia do psiquiatra. O tratamento medicamentoso tinha certa instabilidade, pois constantemente havia troca de profissionais, devido às insatisfações da mãe com a medicação prescrita. Essa situação não perdurou por muito tempo, pude estabelecer contato com o médico de John e trabalhamos juntos orientando a família. O saldo foi positivo, o paciente pôde estabelecer um vínculo estável com o psiquiatra e, consequentemente, aderiu ao tratamento medicamentoso de forma mais eficiente.

Suas crises mais intensas surgiam nos momentos em que se sentia exigido pelas situações de trabalho. Embora naquele momento sua mente não sustentasse satisfazer às exigências que o ambiente corporativo lhe trazia, seu grande desejo era trabalhar. Entendia que ter independência financeira seria o grande êxito que uma pessoa poderia vir a atingir na vida.

A primeira crise havia acontecido no seu primeiro trabalho, três anos antes de vir ao meu consultório. Desde então já vinha sendo medicado. A segunda – que desencadeou na mãe a necessidade de insistir na busca de um psicólogo, por entender que só a medicação não estava resolvendo – manifestou-se também relacionada à inserção de John numa nova experiência.

A queixa inicial da família era a de que John falava coisas sem conexão alguma; achava que havia gravadores e câmeras na sua residência. Ele passava horas no quarto falando sozinho. A mãe relatou que a medicação tinha resolvido por um tempo, mas sentia que não controlava mais essas crises. Os pais não sabiam mais como lidar com a situação, já que não compreendiam os discursos de John. Observaram que ele já não dormia bem e que fazia perguntas estranhas, como se estivesse sempre desconfiado de todos. Os pais não sabiam como agir.

Ele já havia sido encaminhado pelos psiquiatras para tratamento psicológico, mas não conseguia prosseguir com nenhum profissional, razão com a qual a mãe justificava a ausência de tratamento desde o tempo em que surgiu a primeira crise.

O primeiro episódio aconteceu na sua primeira experiência de trabalho, quando começou a sentir que seus patrões não o valorizavam. John, paulatinamente, foi sentindo que as pessoas debochavam dele e levantavam calúnias, difamando-o às ocultas. Tais pensamentos ganharam força, produzindo seu desligamento do trabalho e dando início ao tratamento medicamentoso.

Depois desse episódio, houve uma instabilidade frequente tanto no quadro clínico como no uso da medicação.

Como eu via John

John, jovem cortês, dócil, sensível, que estava sempre atento, vigilante e particularmente desconfiado. Embora desconfiasse de si, de mim e do mundo, demonstrava esperança. Até hoje não sei dizer se era uma esperança de que havia confiança ou se era uma confiança de que havia esperança. Talvez essas duas coisas significassem uma só no processo desse paciente.

No primeiro encontro, ele narra para mim as suas expectativas em relação ao processo analítico. Diz que a sua procura por um profissional não era um desejo dele e sim da sua família, pois, para eles, John via no mundo coisas que não existiam. A queixa principal da família seria sobre as suas "percepções", mas ele logo me avisa que não tem interesse nenhum em eliminá-las da sua vida, uma vez que as considerava preciosidades. (O paciente nomeava como "percepções" aquilo que ele via, ouvia e não era compartilhado com as demais pessoas.)

Diante da não razão para estar ali, já que John não compartilhava do mesmo objetivo da família, perguntei se ele identificava algo, além do desejo dos outros, que pudesse justificar os nossos encontros. Se teria algo na vida que despertasse nele certa curiosidade e desejo de tentar compreender. Ele, subitamente, me diz que sabia como eu poderia ajudá-lo: identificava uma fragilidade em si mesmo em alguns momentos e sabia que isso iria impedi-lo de enfrentar situações na vida. Talvez eu pudesse ajudar a expulsar esse seu lado fraco, assim ele poderia realizar o seu desejo de um dia ser "Um grande homem", frase anunciada pela sua mãe quando ele ainda era um bebê.

John relata as reclamações da sua família e diz saber que a vontade de seus pais era de que eu o convencesse de que ele não via o que ele dizia ver. Conforme a sua percepção, havia pessoas conspirando contra ele, "uma organização". Ele costumava referir-se a essa organização como "Eles". O que querem "Eles", John se perguntava. Seu grande temor era o de que essa suposta "organização" pudesse transformá-lo num homossexual sem que ele percebesse.

John era religioso, sentia-se escolhido por Deus, e essa seria uma das razões pelas quais essa "Organização" queria transformá-lo num pecador. Eles não suportavam sua pureza e queriam fazer dele um homem comum.

Durante o processo, John, predominantemente, apresentava-se bastante comunicativo, falava do seu passado, presente e futuro, trazendo sempre temáticas diferentes em todas as histórias. Ora ele poderia ocupar um grande cargo público, ora não seria ninguém, já que fazia tudo errado: era burro, relaxado e desligado. Gostava de falar de política e de esporte.

Ele parecia apreciar em si mesmo a sua percepção, pois sentia que isso não só lhe dava uma condição à frente dos demais seres humanos como também o protegia das ciladas que os "malfeitores" pudessem lhe infligir. No entanto, muitas vezes havia uma dúvida em John, pois, se em alguns momentos ele sentia ter um poder que ninguém mais tinha, em outros sentia-se um impostor, uma vez que nada parecia ser o que realmente era. Nesses momentos, suspeitava de não ser filho do pai, pois não encontrava em si semelhanças com ele. Também se sentia burro e, ainda que dissesse que tinha interesse em aprender mil coisas, observava que suas ações diziam exatamente o contrário.

Embora tivesse a impressão de ser dois – ora era um, ora outro; capaz ou incapaz; inteligente ou burro; bom ou ruim –, não se sentia nenhum, pois nenhum desses aspectos da sua personalidade parecia realmente representá-lo. Entristecia-se quando se via como um joguete na mão de todos: as vozes, a família... a sociedade.

John desconfiava de si. Muitas vezes chegou apavorado ao meu consultório, por não saber do que era capaz. Tinha a sensação de ter realizado ações sem perceber – por exemplo, mandar e-mails com xingamentos – pelas quais depois teria de responder judicialmente. Havia um grande medo de ser processado, ir para a cadeia, e, para preservar a vida, ter de se submeter sexualmente a atos impróprios. Via filmes, lia livros, ouvia reportagens... Essas histórias o impressionavam muito.

O medo de ter de se submeter sexualmente para preservar a vida aparecia em várias circunstâncias. Uma delas era na possibilidade de construir sua própria família, pois, conforme o seu temor, o amor de um pai pelo filho poderia levá-lo a se submeter sexualmente, fosse com a finalidade de conseguir dinheiro para salvá-lo ou para evitar algum tipo de violência contra ele. Em qualquer uma das circunstâncias, amar, para John, era muito perigoso.

Esse temor também aparecia no campo do emprego. Para ele, seria preciso estar bem atento às empresas nas quais pudesse vir a trabalhar, pois já tinha ouvido frases que insinuavam que, para se conseguir o cargo desejado, seria necessário "dar a bunda". Inclusive já havia saído de um trabalho por não suportar estar num ambiente em que ouvisse esse tipo de comentário.

Seu grande pavor estava ligado ao fato de que coisas poderiam acontecer sem que ele percebesse, principalmente dentro de si mesmo. O ponto nodal que abria para outras ramificações era o seu medo de ser transformado num homossexual sem que ele mesmo percebesse. Havia momentos em que tinha medo de ser mendigo, processado, desviado do seu caminho.

Naquele período não tinha amigos e não considerava esse fato um problema na sua vida. Entendia que amigos poderiam vir a atrapalhar os seus objetivos que, naquele momento, eram estudar e conseguir um trabalho para se tornar independente.

Assim que iniciou o processo analítico, John apresentava sentimentos de irrealidade, ideias de perseguição. Apesar de estar na presença do paciente na sala de análise, muitas vezes sentia que ele não estava conectado com a minha presença, ele parecia falar para uma multidão. Logo a análise veio a mostrar que ele achava que tudo estava sendo gravado.

John ia ao meu consultório bem antes do seu horário de atendimento e ficava na recepção. Costumava comentar que, enquanto esperava, a música tocada tranquilizava-o e assim ele conseguia estudar. Não havia tanta circulação de pacientes. O que predominantemente acontecia era que eu estava só na minha sala e John só na recepção, até chegar o seu horário. No *setting* estávamos juntos, mas também separados pela porta da minha sala.

Conforme os pais, o paciente teve uma infância sem intercorrências significativas, mas sempre perceberam nele um tempo para realizar as coisas do cotidiano totalmente diferente do tempo deles, fato que muitas vezes irritava a mãe, produzindo nela a necessidade de "acordá-lo para a vida".

Na primeira infância, o paciente tinha amigos e gostava de esportes; somente na adolescência houve um isolamento que a mãe considerou importante e diferente. Ainda que apresentasse algumas dificuldades, concluiu os estudos e entrou na faculdade.

Os pais participaram do processo, e o número de vezes em que puderam ir ao consultório os deixou relativamente à vontade para falar comigo. O pai de John expressava menos desconforto em relação a John, sendo a mãe quem apresentava mais observações sobre as questões emocionais que o paciente manifestava.

O paciente esteve em análise por volta de três anos, vindo três vezes por semana quase todo o período em que esteve em análise. Todos os assuntos relacionados ao contrato de trabalho – horários, número de sessões, encaminhamentos para outros profissionais, pagamentos – eram trabalhados com certa tranquilidade, pois a família sempre cooperou durante todo o processo.

4. Identificação projetiva e *rêverie*: John se aloja em mim

Se correr o bicho pega

Se ficar o bicho come

Esse foi o clima que se estabeleceu com a chegada de John ao meu consultório. Não havia saída, pois para todos os lados só existia desconfiança. Optei por não correr e, então, o bicho me comeu. Após estar dentro dele, pude apreender o mundo interno do meu paciente e assim sentir como ele sente. Foi assim que nossa comunicação começou.

O campo analítico nunca deixará de me surpreender, pois, ainda que existem inúmeras exposições de casos escritos, narrados, discutidos, quando vivo algumas experiências na clínica com meus pacientes, ainda fico espantada, ou mesmo desconfiada – mas principalmente emocionada –, com a comunicação inconsciente. Para uma analista não experimentada, como eu era quando atendi esse paciente, algumas situações causavam perplexidade, ao experimentar na prática aquilo que até então eu só compreendia teoricamente.

A desconfiança de John estava presente não só na sua teoria da existência de uma *Organização* observando-o, planejando e invadindo a sua vida, mas também no seu olhar vigilante, que observava atentamente meus movimentos, tentando entender o nosso encontro. Essa desconfiança de John também estava em mim, pois, até compreender que se tratava de uma comunicação por meio da *identificação projetiva*, eu estranhava meu comportamento.

Por volta dos três primeiros meses de atendimento, sempre que John saía da sessão, eu não me sentia tranquila; tinha a permanente sensação de que ele poderia estar atrás da porta me observando. Algumas vezes me contive para não a abrir e conferir, convencendo a mim mesma que aquele não seria o comportamento de uma pessoa sã; outras vezes a abria e conferia. Depois de realizar tais atos, sentia-me confusa. Para uma analista iniciante, esse era um material totalmente inusitado; cheguei a duvidar se eu tinha condições de lidar com a loucura, uma vez que ela parecia estar dentro de mim.

Fiquei tão desconfiada quanto John. Depois que os pacientes iniciam o processo de análise, o procedimento padrão é informar a senha da porta da recepção do consultório. Assim eles entram, aguardam-me. Dessa forma, evito interrupções nos atendimentos.

Com ele esse procedimento não ocorreu. As sessões se passavam, e eu não dava a senha a John. Ele já havia feito vários relatos de que "sabia" que havia gravadores e câmeras no meu consultório. Ele acreditava que a suposta "Organização" havia instalado equipamentos lá. Eu entendia que a experiência de John era a de que havia um grande olhar do mundo sobre ele, como se ele fosse o personagem Truman Burbank do filme *Show de Truman*. Então, todos estavam interessados na sua vida. Em algumas sessões, fui compreendida como a analista que havia sido contratada pela "Organização" para estudar a sua mente, "uma mente especial". Ele achava que a "Organização" nutria certa inveja da sua capacidade de não ser seduzido pelas coisas mundanas (bebidas, drogas, prostituição...). Queriam transformá-lo num pecador.

Foi assim o primeiro tempo do processo. Eu ficava a me perguntar o que me impedia de dar a senha da porta ao meu paciente. Nos meus devaneios, John entraria no consultório e passaria a mexer em tudo, procurando gravadores e câmeras. Examinando retrospectivamente esse material clínico, fica mais claro para mim, agora, a importância de o analista se "perder" na experiência interna do material de seu paciente. Pude experimentar isso por meio dos devaneios, porém, como diz Meltzer (1971), também é extremamente necessário "emergir", ou seja, poder pensar fora da sessão, enquanto descansa, a fim de compreender o que estava fazendo de fato e que área do processo analítico foi atravessada.

Tentar compreender os meus devaneios permitiu-me perceber que experimentava em mim a desconfiança de John. A pergunta simples que eu me fazia na época era: como eu poderia ajudá-lo a confiar, estando eu desconfiando? Após me apropriar do material e conseguir pensá-lo, pude não só dar a senha, abrir a porta e deixá-lo entrar como também deixá-lo se alojar dentro de mim.

Como analistas, não conseguimos antever as aventuras de um processo analítico: "essa viagem a dois à procura da realidade psíquica; uma viagem sem mapas na qual cada um se esforça para seguir um caminho pseudovoador na esperança de descobri-la" (McDougall, 2015, p. 21). Entretanto, por meio da nossa sensibilidade, devemos encontrar os meios de modulações requeridos por aquele paciente, de forma a permitir a evolução da transferência (Meltzer, 1971).

Rosenfeld (1988) havia assinalado quanto o conceito de identificação projetiva, postulado por Melanie Klein em 1946 no texto "Notas sobre alguns mecanismos esquizoides", é de fundamental importância para a compreensão da relação transferencial de pacientes, principalmente nos estados psicóticos. A maneira como essas identificações projetivas se apresentam na relação com o analista informa-o sobre as experiências primitivas pertencentes a tempos esquecidos pelo paciente.

Klein (1946/1996) se deu conta da identificação projetiva quando examinava ansiedades, defesas e relações de objetos, típicas da posição esquizoparanoide. Embora tenha captado com muita perspicácia o fenômeno, na época seu foco era esclarecer os processos de cisão, sendo a identificação projetiva um deles.

Spillius diz que a identificação projetiva para Klein era uma fantasia dos pacientes. De fato, ela não considerava que eles pusessem coisas dentro da mente ou do corpo do analista. Se o analista se sentisse influenciado pelo que o paciente lhe fazia, seria sinal de deficiência na sua própria análise. Para a autora, Klein entendia que, ao ampliar o termo identificação projetiva para designar a resposta emocional do analista ao paciente, poderia abrir aí uma brecha para os analistas afirmarem que suas deficiências eram causadas pelos pacientes (Spillius, 1924/2007c, p. 297).

Nesse sentido, entendo esse temor de Klein como algo de grande valia, pois as angústias produzidas dentro de um processo analítico podem incorrer em compreensões rápidas e equivocadas por parte do analista. Considero ainda que nenhum analista está isento de cometer esses equívocos, principalmente nas suas primeiras experiências na clínica. Entretanto, as intervisões – discussões entre colegas, assim como supervisões e a análise pessoal – contribuem sempre para discriminar uma situação da outra.

É importante assinalar que estar atento à comunicação do paciente via identificação projetiva não deixa de ser um trabalho denso, pois até para o próprio analista essa situação pode parecer muitas vezes fantasiosa. Hoje, porém, depois de vários estudos sobre esse conceito, com inúmeras contribuições não só, mas principalmente, dos analistas da escola inglesa, estamos mais preparados para viver essas experiências com os nossos pacientes, para expô-las e para pensá-las teoricamente.

A questão dos efeitos da identificação no analista não foi algo elaborado por Klein. O foco da autora estava no funcionamento mental do paciente, ou seja, na fantasia intrapsíquica, onipotente e inconsciente (Grotstein, 2007/2010). Posteriormente, os pós-kleinianos Bion, Segal e Rosenfeld fizeram esse acréscimo, evidenciando, com suas experiências clínicas, a potencialidade e a amplitude do conceito tanto do ponto de vista clínico como teórico (Ribeiro, 2017, p. 43).

Betty Joseph apresenta, de forma sucinta, os múltiplos objetivos de diferentes tipos de identificação projetiva, conforme formulação de Klein em 1946:

> *excindir e se livrar de partes indesejadas do self que causam ansiedade ou dor; o de projetar o self ou partes do self para dentro de um objeto, para dominá-lo e controlá-lo e, assim, evitar a separação; o de penetrar num objeto, apoderar-se de suas capacidades; o de invadir, a fim de danificar ou destruir o objeto. (Joseph, 1992, p. 146)*

Todas essas formas de identificação projetiva estariam funcionando como um mecanismo de defesa do paciente a serviço não só de evitar qualquer percepção de separação, dependência e admiração do analista, mas também como um meio de evitar sensações de perdas, raiva, inveja (Joseph, 1992, p. 147).

Outra forma de identificação também mencionada por Melanie Klein, a qual ela considerava de suma importância para o desenvolvimento normal, caso não viesse a acontecer de maneira excessiva, era a projeção também das partes boas do *self* para dentro de objetos externos. Essa forma de identificação contribuía para o desenvolvimento de boas relações de objeto (Rosenfeld, 1988, p. 126). Por exemplo: se o paciente fizer projeções boas sobre a figura do analista, essas projeções poderão ser reintrojetadas devido ao intercâmbio dos processos de projeção e introjeção, e, assim, a relação com o analista pode vir a ser internalizada pelo paciente como uma experiência boa.

W. R. Bion (1959/1994) trouxe sua extraordinária contribuição ao assinalar que a identificação projetiva pode funcionar não somente como um mecanismo de defesa, mas simultaneamente pode ser a primeira forma de comunicação da criança com seus objetos. Para o autor, o bebê, ao se sentir invadido por angústias que ainda não é capaz de administrar, expulsa para dentro da mãe (analista), via identificação projetiva, seu desconforto. Se a mãe puder compreender e conter esses sentimentos, processá-los e devolvê-los ao bebê, de forma que fiquem mais administráveis para ele, o bebê ou o paciente poderá assimilá-los, desenvolvendo em si a capacidade de lidar com suas angústias. Bion denominou de *rêverie* esse estado de mente da mãe que é capaz de receber os sentimentos do bebê e dar-lhes significado.

Contudo, se esse processo der errado, seja pela falta de receptividade da mãe por não suportar essas projeções ou mesmo por elas aconteceram de forma excessiva e esmagadora, o bebê recorrerá cada vez mais a identificações projetivas para se comunicar, afastando-se cada vez mais da sua realidade psíquica (Hinshelwood, 1992).

Para finalizar essa apresentação dos conceitos, visto que meu objetivo foi situar o leitor, já que esse conceito não foi apresentado nos capítulos precedentes, posso dizer que aqui neste texto a identificação projetiva será compreendida "como uma fantasia inconsciente entre analista e analisando, podendo ter um caráter mais agressivo e expulsivo, portanto defensivo, ou um caráter mais comunicativo, sendo que os mecanismos de cisão e projeção, em intensidades diversas, estão sempre implicados" (Ribeiro, 2017, p. 43).

Utilizo o material da análise do paciente para propor que algumas ações, sensações e devaneios podem ser compreendidos como estados de *rêverie* (Bion, 1962/1991) da analista, mobilizados por uso intenso de identificações projetivas do paciente com o objetivo de não só livrar-se de angústias (Klein, 1946/1996), mas principalmente de comunicá-las à analista (Bion, 1962/1991).

Trabalho o conceito de *rêverie* (Bion, 1962/1991) de acordo com a compreensão de Ogden em seu livro *Rêverie e interpretação* (2013) sobre o que seria uma experiência de *rêverie* no *setting* analítico.

A *rêverie*, para ele, "é um evento simultaneamente pessoal/privado e intersubjetivo. São nossas ruminações, devaneios, fantasias, sensações corporais, percepções fugazes, imagens emergindo dos estados de dormência ... que atravessam nossas mentes" (Frayn, 1987 citado por Ogden, 2013, p. 146).

Nos primeiros tempos de análise desse paciente, ainda que em alguns momentos ele apresentasse ansiedades de natureza depressiva, predominantemente era a ansiedade persecutória que determinava seu quadro clínico. Havia um ego pouco integrado, ou seja, suscetível de cindir a si próprio assim como aos objetos internos e externos. Por causa dessa cisão, defesas como a idealização, controle onipotente de objetos internos e externos, contribuíam para uma comunicação fortemente baseada na identificação projetiva. Meu contato inicial com John foi permeado por repetidas alocações em mim de emoções que eram impossíveis de serem elaboradas por ele naquele momento. Sigo com a elaboração teórica das experiências clínicas apresentadas.

Meu devaneio de que John entraria no consultório sem a minha permissão e mexeria nas minhas gavetas procurando gravadores indica que ele comunica, por meio da identificação projetiva, toda sua angústia de se sentir vigiado e invadido por uma suposta "Organização" que, conforme o paciente, queria transformá-lo em alguém que ele não queria ser. Ogden, citando Bion, narra claramente como esse fenômeno acontece:

> No contexto interpessoal, a pessoa autora da identificação projetiva se envolve em uma fantasia inconsciente de expulsar um aspecto indesejado ou ameaçador de si mesmo e depositar essa parte em outra pessoa, de uma forma controladora. É exercida uma pressão interpessoal no "recipiente" da identificação projetiva, pressão essa que tem por objetivo coagir o "recipiente" a vivenciar a si mesmo e a se comportar de uma forma congruente com a fantasia projetiva inconsciente. (Ogden, 2017, p. 152)

Eu, como recipiente dessa identificação projetiva, passo a viver o estado mental da fantasia inconsciente que foi projetada em mim: medo de ser vigiada e invadida, medo de que o paciente entre no meu consultório sem a minha permissão. Conforme Damásio, herdamos a capacidade de criar empaticamente dentro de nós virtualmente os mesmos sentimentos e emoções experimentados pelo paciente (Damasio, 2004 citado por Groststein, 2010, p. 190).

Do ponto de vista contratransferencial, essa experiência também me faz pensar numa intrusividade que deve ser suportada e esperada pelo analista quando está diante de momentos psicóticos do paciente. O meu consultório poderia representar o corpo, a barriga da mãe. Em fantasia, o bebê/John entraria violentamente para escavar e assaltar o corpo da mãe/analista, espoliando-o inteiramente.

Bollas (2013) traz um outro ponto de vista interessante quando diz que o paciente, ao inculcar no analista pensamento ou estado de *self* que até então ele só havia experimentado nele mesmo, pode estar representado um objeto interno que se baseia numa parte da personalidade da mãe ou do pai.

Nesse caso, o analista também pode ser recrutado a representar um objeto interno de um aspecto da maternagem da mãe. Quando isso acontece o analista pode vir a ocupar brevemente uma posição correspondente à que foi ocupada anteriormente pelo paciente (Bollas, 2013, p. 41).

A vivência concreta de John de estar sendo vigiado pela "Organização" pode representar um objeto interno de um aspecto da maternagem da mãe que foi introjetado, tornando-se uma identificação superegoica. John trouxe algumas lembranças da sua infância que me revelaram um registro de uma mãe interna muito controladora, que o impedia de realizar atividades, por temer que ele viesse a sofrer qualquer tipo de violência sexual.

Diante dessa ideia, posso pensar na relação intrapsíquica que John me comunica, compelindo-me a vivenciar partes do seu ego, que se sente vigiado pela outra parte: John/superego.

Na cena que aparece no meu devaneio, posso inferir a representação de um conflito intrapsíquico entre o ego e um objeto interno: na cena, eu representaria partes do ego do paciente que vivencia a angústia de ser invadido. John entrando no meu consultório sem a minha permissão corresponderia à angústia de John de ser penetrado, de ser invadido pela suposta organização e transformado num homossexual sem que ele percebesse. Na *rêverie*, o paciente assume o lugar do superego da Organização/mãe, pois é ele que aparece no meu devaneio entrando no consultório.

Penso que essa experiência corresponde a esses momentos sugeridos por Bollas (2013, p. 41) em que o analista pode ser recrutado via identificação projetiva a ocupar o lugar do paciente, e o paciente o lugar da mãe. Nesse exemplo, estou inferindo que a cena analítica foi representada no meu devaneio.

Por meio da experiência com John, pude ir percebendo que alguns pacientes podem ocupar a mente do analista mais do que ele mesmo decide permitir. John era um desses pacientes que, quando eu menos esperava, lá estava. Conforme Ogden, é compreensível a dificuldade de usar a *rêverie* no exercício da análise. Ele entende que é uma experiência "tão imediata, que é difícil de ser vista: ela é presente demais para se imaginar" (Frost, 1942, p. 305 citado por Ogden, 2013, p. 150).

Como mencionei no início do texto, nos três primeiros meses de atendimentos, ao término das sessões com John, aquela constante sensação de que ele estava atrás da porta me vigiando, assim como a minha ação de abrir a porta e conferir, causou-me dúvidas em relação à minha sanidade.

Eu não sabia do que se tratava, mas sabia que tinha a ver com John, visto que o clima das sessões, principalmente no início da análise, estava permeado por "coisas estranhas". Concordo com Ogden (2013) quando diz que não é pouca tarefa a que nos propomos de tentar fazer uso de nossas experiências de *rêverie* no *setting*, pois trata-se de uma experiência que envolve constrangimento.

Considero que, nos momentos em que perdia a minha capacidade crítica, abrindo e fechando a porta, pois a minha sensação era de que John ainda estava lá, talvez o paciente estivesse fazendo uso da identificação projetiva na tentativa de evitar a separação. Conforme Rosenfeld (1988), é comum as identificações projetivas estarem a serviço de evitar a separação, principalmente no início do processo. Elas podem produzir um estado de confusão, união ou fusão do paciente com o analista.

Não posso duvidar de que, dentro dessas experiências narradas, poderiam existir aspectos não analisados meus, mas eles não se constituíram num problema, uma vez que eu pude pensá-los e considerá-los. Em muitos encontros com nossos pacientes sabemos não somente deles, mas também de nós mesmos. No entanto, Ogden (2013) assinala que nenhuma *rêverie* deveria ser deixada de lado como simples "coisas do analista".

Outra observação importante que Ogden traz é que o analista não fala diretamente da experiência de *rêverie* com o paciente, ele fala a partir dela. Tal fato para mim fica bem claro, pois realmente não foi compartilhado com meu paciente o sentimento de desconfiança que identifiquei, mas o foram essas experiências que produziram uma mudança psicológica em mim, uma vez que, depois de acessá-las, pude inclusive informar-lhe a senha da porta.

Trago aqui também outra experiência que pude vivenciar não só no campo das ideias, mas também no corpo.

Numa das sessões com esse paciente, encontrei-me numa espécie de sono magnético, algo que me atravancou a língua e os sentidos; não conseguia falar mais do que pensar, ainda que o pensamento também estivesse sofrendo um retardo. Pelo menos por quatro vezes, lembro-me de John ter completado as minhas frases. Naquela sessão, nada me ocorreu a não ser estranhar e me constranger por tal situação. John se queixava das reclamações dos seus pais. Não conseguia acompanhar o ritmo frenético da sua mãe que sempre o considerava lerdo, mole, desatento e preguiçoso. Embora sofresse com as queixas da mãe, acusava-se, pois entendia que ela estava sempre certa.

Conforme afirma Rosenfeld (1988), quando o paciente vive seu mundo, confuso, sem poder pensar a respeito dos seus sentimentos ou conhecê-los, provavelmente está sofrendo de experiências muito primitivas. Nesse período do processo, pode precisar ficar em silêncio ou se comunicar de forma confusa, monótona ou simbólica.

Essa experiência, por efeito da identificação projetiva, pode causar um forte efeito físico no analista. Não só provocar sonolência ou mal-estar, mas também dificuldades de concentração. A vivência do analista é de que algo tenha sido projetado dentro dele de modo real e concreto (Rosenfeld, 1988).

Posso considerar que houve uma equivalência entre a minha experiência e a observação de Rosenfeld, pois pude me recuperar totalmente, após o término do seu atendimento. No atendimento seguinte ao de John, essa letargia não estava mais presente em mim. Contudo, no dia seguinte, para minha surpresa, percebo John apresentando o mesmo comportamento que eu havia vivido na sessão anterior: sono, letargia, dificuldade de expressão... Recordo que, diante daquela experiência, eu fiquei a pensar: "Quem está expulsando partes do *self* clivada para o outro?". Era eu que estava sofrendo a identificação projetiva ou era John?

O que seria aquela situação que, apesar de se tratar de outra sessão,[1] outro dia da semana, em meu íntimo, eu a vivenciava como uma repetição, ou, melhor dizendo, como uma continuação? Era mais que o *déja vu* – a sensação de ter vivido algo que já aconteceu. Era como se eu pudesse agora olhar de fora, no comportamento de John, aquilo que pude sentir na sessão anterior. A impressão era de que eu e John tínhamos nos tornado um, vivendo a mesma experiência. Na sessão primeira, estava eu tão induzida por identificação projetiva a vivenciar esse objeto lerdo, mole e desatento que não conseguia acompanhar a comunicação do paciente, assim como John se sentiria em relação à sua mãe? Será que na sessão seguinte estaria John podendo conter aspectos de um objeto interno que no dia anterior havia projetado em mim?

Sabemos que o psiquismo não obedece à lógica linear, mas, no trabalho com nossos pacientes, estamos sempre nos perguntando qual é a relação de um fato com outro. O método analítico não deixa de ser essa constante investigação.

Com o andar do processo, pude ir descobrindo as formas do meu paciente de se comunicar e se mostrar. Pensei que as experiências de ser assaltada pela dúvida de não saber o que era meu e o que era de John seria exatamente essa confusão que John tentava me

---

1 John vinha ao consultório três vezes por semana.

comunicar. As experiências de *rêverie* ajudaram a conectar-me com o paciente. Ele estava transferindo para análise a experiência de sua relação precoce com o objeto primário. Ao tornar-se uma presença em mim, vivo a falta da confiabilidade no objeto. John me obriga a conhecer as suas experiências. Por algum momento, eu sabia como ter sido John. Senti a confusão.

Gradualmente, ao longo dos atendimentos, pude perceber que havia uma confusão entre seu *self* e um objeto interno (preservado da sua relação com a mãe externa). Confusão entre *self* e objeto (interno ou até mesmo externo). O que era seu e o que era do outro?

A identificação projetiva não é privilégio do *setting* analítico. Ela está presente em todas as relações. Há filhos carregando partes indesejadas dos pais, assim como pais carregando partes indesejadas dos filhos (Bollas, 2015).

John me falava de uma confusão de objetos que precisavam ser discriminados para somente depois serem separados. O meu trabalho inicial foi ajudá-lo a reconhecer e nomear as suas emoções.

John por um tempo era muito contido, sempre preocupado em não incomodar. Na nossa comunicação, muitas vezes eu assinalava algumas expressões adjetivadas direcionadas às figuras do seu discurso. Era minha tentativa de trazer emoção para a sua história. Por exemplo: "Que situação difícil! Que invasão! Que pentelho, como você aguenta?".

Fiz isso muitas vezes, na tentativa de mostrar para John que não havia problema em ele expressar sentimentos de incômodo, ainda que fosse com pessoas de que gostasse. Também era uma tentativa de discriminar situações de conforto e desconforto, pois havia claramente nele uma confusão na qualidade dos seus objetos: o que era bom e o que era mau. Como valorizava a luta da mãe para lhe oferecer uma vida boa, não conseguia aceitar que alguns comportamentos dela foram nocivos para ele, ainda que conscientemente a intenção da mãe fosse protegê-lo.

Como ocorre na infância, no processo analítico há várias etapas a serem vividas e é possível observar o crescimento psíquico acontecendo. Melanie Klein (1946/1996) assinalou a importância da cisão para o bom desenvolvimento psíquico. O recém-nascido depende da clivagem do *self* e do objeto como defesa e modo de organização da experiência. É uma cisão necessária, pois sem ela o bebê ficaria impossibilitado de construir outro mecanismo de defesa extremamente necessário no início: a idealização. Durante os primeiros meses de vida, com o objetivo de preservar o objeto bom, ele precisa manter predominantemente o objeto bom separado do mau. Dessa forma, a segurança do ego é aumentada. Thomas Ogden (2017) esclarece a importância dessa cisão e porque esse objeto bom, inicialmente, precisa estar separado do mau:

> *O bebê deve ser capaz de clivar para que possa se alimentar de modo seguro, sem a intrusão da ansiedade de que está machucando sua mãe e sem a ansiedade de que ela irá machucá-lo. É necessário que o bebê sinta que a mãe que está cuidando dele é totalmente amorosa e não tem conexão alguma com a mãe que "machucou-o" ao fazê-lo esperar. A ansiedade que emerge do pensamento de que a mãe acolhedora e a mãe frustrante são a mesma roubaria do bebê a garantia que ele necessita para se alimentar de forma segura. De modo semelhante, a habilidade de desejar em segurança se perderia se o bebê, ao se alimentar, vivenciasse a si próprio como o mesmo bebê que furiosamente desejou controlar e subjugar o seio/mãe em sua ausência. (p. 63)*

"A clivagem não somente salvaguarda a necessidade do bebê de dar e receber amor; ela também preserva sua necessidade de odiar" (Ogden, 2017, p. 63). Pois bem, quando não acontece essa cisão fundamental no início da vida, a instalação segura de um objeto bom não pode ser suficientemente realizada (Klein, 1957/1996, p. 223).

Se o bebê não pode preservar esse objeto bom por meio da cisão, os processos de integração do ego e síntese dos objetos não poderão operar. Desse modo, o ego fica frágil e passa a se identificar de forma indiscriminada com uma variedade de objetos. Passará a fazer uso da identificação projetiva de forma excessiva, levando-o a um estado constante de confusão entre *self* e objeto. O uso excessivo desse mecanismo de defesa acarretará problemas nas suas relações objetais, e a consequência será um empobrecimento do seu ego.

Então, a possibilidade de o analista ser um suporte para as identificações projetivas do paciente viabiliza que, aos poucos, ele possa inicialmente idealizar para depois distinguir e reviver na análise experiências que ainda não puderam prosseguir na sua vida psíquica.

A possibilidade de o paciente fazer uso de identificações projetivas no processo, assim como minhas experiências de *rêverie*, pôde trazer para John mais confiança e, consequentemente, mais esperança de que tinha um objeto externo ocupando a função de cuidador. As experiências boas vividas na análise tornam-se "estímulo para os impulsos libidinais, para o amor e para a constituição do *objeto bom*" (Cintra & Ribeiro, 2017, p. 86).

Observei que, com o caminhar da análise, John pôde ficar mais confiante para expressar sua agressividade e também seus desejos. Consequentemente, a comunicação via identificação projetiva foi diminuindo significativamente.

Neste texto, apresentei que as experiências de *rêverie* – meu devaneio (paciente entrar dentro do consultório em busca de gravadores); minha ação (abrir e fechar a porta e verificar se John estava lá); e minhas sensações (sono, letargia, confusão, dúvida) – contribuíram para que eu pudesse não só compreender o material que estava sendo comunicado pelo paciente, mas compreendê-lo a partir de dentro de mim.

Como bem formulou Bion (1959/1994), "uma mãe que não pode permitir ser habitada e tomada desde dentro (portanto, ser criada) pelo bebê, não pode dar a este forma psicológica" (p. 314). O nosso trabalho é dar essa forma psicológica para aqueles pacientes que não puderam, por circunstâncias múltiplas, internalizar seguramente um objeto bom.

5. *Setting*: um lugar vivo e de muitos significados

> *O analista que pretende chegar às imagos mais*
> *antigas e criadoras de ansiedade . . . deve aceitar*
> *aquilo que lhe é oferecido na situação analítica.*
>
> Klein, 1929/1996, p. 239

O *setting* é mais que o conjunto de todos os procedimentos que organizam, normatizam e possibilitam o processo analítico. É um lugar que promove síntese. É portal que dá acesso ao sonho e, por isso, também à realidade. É, ainda, o portal do tempo – passado e presente se unem em sonhos, associações, atuações e emoções. O *setting* é um elo entre a realidade interna e externa – é um lugar assustador, mas também fascinante, por ser continente de fantasias de várias fontes. É um lugar firme e por isso pode ser flexível, adaptando-se às necessidades do paciente. O *setting* é concreto e abstrato; é criativo, por isso, pode ser reincidentemente inventado. O *setting* é a moldura. Enfim, o *setting* é o entre – o espaço potencial (Winnicott, 1967/1975). É a membrana permeável – a barreira de contato (Bion, 1962/1991). O *setting* é um lugar ativamente vivo e de muitos significados.

John foi o primeiro paciente que me levou para um esforço real de entrar num sonho estando acordada. Experimentei situações de ele chegar ao consultório e me pedir respostas para questões surgidas na sua realidade particular, pois, para ele, eu via o que ele via e estava lá, no lugar em que suas ideias me colocavam.

Ele, de forma imperativa, um dia entrou no consultório e, antes de se acomodar na poltrona, me perguntou: "Qual foi a nota que eu tirei na prova?". Logo compreendi que, mais uma vez, John insinuava que eu tinha informações sobre ele, pois alguém da "suposta organização" já havia me informado.

Nesses momentos, eu concordava com a teoria de John Nash "de que problemas difíceis não poderiam ser atacados de frente" (Nasar, 2002, p. 265). Eu procurava, então, conduzir a sessão buscando compreender qual a razão da angústia que se apresentava naquele material que evidenciava a captura de John pela "Organização". Com John, eu pude aprender que não há como se desfazer de um delírio até encontrarmos um sentido melhor para atenuar a dor que o originou.

Havia um anseio quase exigente para que eu resolvesse a sua angústia. Acometido por grande idealização, imaginava que eu pudesse acessar todas as informações a seu respeito, pois, na sua mente, eu era não só a analista contratada pela Organização para estudá-la, mas também aquela que poderia transmitir a verdade sobre ele.

Durante uma análise, o analista pode vir a representar, via transferência, uma variedade de figuras análogas àquelas introjetadas na primeira infância. Ou seja, algumas experiências psicológicas vivenciadas com as figuras parentais no passado são revividas com o analista no presente. Com esse analisando, ora eu era analista com superpoderes que sabia de tudo, ora eu era aquela que não o livrava das angústias. Nesses momentos demonstrava muita irritação e bastante dúvida em relação ao valor da análise.

Havia também linhas intermediárias, o que me dava a impressão de que John estabelecia uma esperança e, até certo ponto, confiança no conhecimento, pois, na transferência, o objeto que continuamente era projetado em mim era um objeto que tinha o conhecimento. Eu ocupava o lugar da pesquisadora: eu não era nem do bem, nem do mal. Eu só estava em busca da verdade.

Nos primeiros tempos da análise, ele costumava dizer que só havia prosseguido seu processo por ter certeza de que eu, contrariamente à "Organização", sabia quem ele era. O material mostrava a relação sendo estabelecida com um objeto idealizado (analista). Esse material expressava seu desejo de ser conhecido e amado. A necessidade produz o anseio pelo seio bom. Segundo Bollas (2013), "Ser amado é poder ser conhecido em certos momentos cruciais da vida" (p. 48).

Após um período de análise, o analisando já não apresentava em casa suas teorias de conspiração, mostrando-se mais conectado com a realidade, fato que trouxe tranquilidade para a família. As ideias de perseguição ficaram mais concentradas na análise. Depois de um período, por razões múltiplas, o número de sessões havia sido reduzido de três sessões para duas.

Essa mudança, de alguma forma, produziu um certo retrocesso, e John começou a expressar um desconforto com sua mãe: ela estava muito irritada com ele. Conforme o paciente, as vozes haviam voltado e, por conta disso, ele precisava falar com ela (a mãe entendia que eram falas que expressavam ideias desconectadas com a realidade).

Havia a necessidade de falar para sua mãe, pois assim, indiretamente, se comunicava com a suposta "Organização". O seu anseio era responder aos insultos ou até mesmo se justificar quando se sentia acusado por questionamentos advindos dessas vozes, que eram atribuídas às pessoas do seu cotidiano. Sentia-se incomodado e ofendido por ouvir certo deboche: "vira homem", "você não estuda nada", "é um mentiroso" etc.

82 SETTING: UM LUGAR VIVO E DE MUITOS SIGNIFICADOS

John fala, num tom preocupado, que já não queria viver um novo aumento na dose da medicação, pois, naturalmente, sentia-se prejudicado na sua produtividade no estudo. Dizia preferir vir ao consultório a semana inteira para não ter de aumentar a dose da sua medicação. John constrói um sentido para sua experiência e comenta que o fato de ter diminuído o número de sessões tornara-se um impeditivo para falar com "Eles" – a Organização.

Não tendo a continência do *setting*, há uma atuação fora do ambiente analítico. Após retornar ao mesmo número de sessões, o paciente apresenta uma significativa melhora. Uma experiência clínica pode ser teorizada de várias formas, mas o recorte que faço aqui é para pensar nesse *setting* funcionando como uma "barreira de contato" (Bion, 1962/1991) – mantendo a integridade da fronteira entre o sistema inconsciente e o consciente. Conforme Grotstein (2007/2010):

> *A barreira de contato pode ser comparada em algum grau como uma membrana celular, que deve conter e definir a célula dentro do tecido de sua localização e, ao mesmo tempo, ser capaz de permitir que nutrientes entrem e resíduos inúteis saiam da célula. . . . ela deve funcionar como uma membrana seletivamente permeável . . . a barreira de contato funciona para manter a integridade da fronteira entre o sistema Ics. e Cs. Enquanto, ao mesmo tempo, permite seletivamente que certos elementos "qualificados" cruzem sua fronteira – nos dois sentidos. (p. 300)*

O *setting* estava operando como continente das ideias delirantes, permitindo ao paciente se relacionar melhor com a realidade externa. Era uma "barreira de contato", sendo responsável pela distinção entre consciente e inconsciente (Bion, 1962/1991). Assim ele poderia progressivamente recuperar sua estabilidade emocional.

Ao diminuir o número de sessões, sem a função alfa da analista, a barreira torna-se excessivamente permeável, sem fronteiras; o inconsciente passa a inundar a consciência. As ideias delirantes escapam.

Enquanto escrevia esse material da experiência com John, lembrei-me de outro paciente. Depois de atendê-lo por um tempo, percebi um certo padrão na sua forma de se comunicar comigo. Informo-o então essa minha percepção. Disse que percebia que o trabalho parecia trazer-lhe algo para seu mundo emocional, já que, ao longo dos anos, eu tinha podido observar que sua comunicação se mostrava mais livre, afetiva e espontânea nos períodos em que se encontrava vinculado ao trabalho. Na ausência desse vínculo, parecia se retrair, ausentando-se também do contato comigo.

O paciente responde a essa minha observação dizendo que, se ele estivesse trabalhando, eu não o veria como um louco. Assim, ele se permitia ser mais lunático no *setting*. Diante dessa compreensão do paciente, percebo que, partindo daquela perspectiva que ele me apresentava, eu parecia compreendê-lo sadio quando ele se sentia mais louco.

O paciente sofria quando ouvia das pessoas que não se fixar em nenhum trabalho era um indicativo de problemas emocionais. Então, o trabalho parecia funcionar como âncora, liberando-o para navegar no mar do inconsciente no *setting*.

Era como se o paciente me dissesse que só poderia ser a criança e brincar nas sessões quando estava sendo adulto lá fora, trabalhando. Quando não, ele se refugiava em casa e se negava até a vir às sessões.

Sem a contribuição do paciente com elementos beta, não há como o analista, com sua função-alfa,[1] converter esses conteúdos

---

1 A expressão "função-alfa" é um conceito postulado por Bion (1962) que opera convertendo dados sensorios bruto – elementos beta – em conteúdos mentais que possuem significado e podem ser utilizados para pensar – elementos alfa.

em elementos alfa. Desse modo, a barreira de contato jamais fica segura e fica impedida de regular o tráfego no portal entre as duas realidades. Na experiência desse paciente foi o trabalho que funcionou bastante tempo como uma barreira.

Esse tráfego entre o consciente e o inconsciente também está relacionado à cisão menos rígida de que Melanie Klein fala. O contrário disso seria a cisão excessiva que leva a condições extremas de idealização.

Gilbert K. Chesterton foi um grande intelectual do século XX. Na sua obra *Ortodoxia*, o escritor faz uma relação entre a razão e a loucura. Ao assinalar a diferença entre um louco e o cientista, ele diz que a loucura requer uma lógica para tudo. O cientista, como um louco, também está ávido por respostas, olha os pormenores, mas o espírito científico é mais amplo, ao contrário do "espírito do louco que move-se num círculo perfeito, mas apertado" (Chesterton, 1908/2013, p. 42).

É interessante a colocação do autor, pois aqui pode-se pensar que a barreira de contato do cientista é mais segura e pode manter uma integridade na fronteira. Ainda que elementos da criação possam até ter origem num aspecto louco, o processo de criar envolve mobilidade e sanidade, isto é, uma barreira de contato permeável, um intercâmbio entre o inconsciente e consciente. O poeta também teria essa "barreira de contato" mais permeável.

> *O poeta procura apenas a exaltação e a expansão, isto é, procura o mundo em que se possa expandir. O poeta pretende apenas meter a cabeça no Céu, enquanto o lógico se esforça por meter o Céu na cabeça. E é a cabeça que acaba por estourar. (Chesterton, 1908/2013, p. 37)*

Chesterton (1908/2013) diz que o homem no seu estado de sanidade saberá que há em si qualquer coisa de "animal, de demônio, de santo e de cidadão. Isto significa que ele saberá que há em si alguma coisa de louco, ao contrário do louco, que estará convencido que é verdadeiramente são" (p. 45). Para esse autor, "é o misticismo que conserva os homens sãos. . . . Enquanto tiverdes mistério, tereis saúde; quando destruirdes o mistério, criareis a morbidez" (p. 50).

Então, no trabalho analítico a busca é para que essa "barreira de contato" esteja segura a fim de que se torne mais permeável. Embora John fosse bastante inteligente, a voracidade dele em querer ter conhecimentos em várias ciências simultaneamente (Economia, Direito, Filosofia, Matemática) muitas vezes impedia-o de assimilar qualquer matéria. Impedia-o também de conhecer o outro, uma vez que sua mente se antecipava ao concluir que a Loira que olhava para ele, enquanto subia o elevador, fazia parte dos "Malfeitores" que queriam transformá-lo num pecador. Nesses momentos, tudo se fechava num círculo perfeito na sua mente.

O *setting* tornava-se um lugar em que John gradualmente desenvolvia sua capacidade de atribuir sentido aos dados da sua experiência. Nas sessões, eu o convidava a voltar à cena e localizar os seus sentimentos em relação ao momento vivido. Assim, muitas vezes era possível sonhar outra história. Por exemplo, o olhar da moça no elevador. Eu perguntava para John o que seria ser olhado por uma loira, o que inicialmente provocava uma irritação nele, já que seus pensamentos não permitiam olhar de outro ângulo, mas somente daquele previamente construído. Aos poucos, ele foi descobrindo qual era o tom de uma brincadeira.

John aos poucos podia dizer que tinha achado a loira bonita, descrevê-la e até sonhar outra história. Essas perguntas eram uma tentativa de caminhar junto com o paciente para que pudesse reconhecer as suas emoções (medos, desejos) e ir aos poucos relacionando-as com suas fantasias.

Ao compreender que muitas situações de perigo estavam relacionadas a emoções para as quais ele ainda não havia encontrado significado, ele ficava mais aliviado, abrindo-se para conversas com conteúdo sobre os quais para ele era mais difícil falar: a sexualidade, por exemplo.

O caminho percorrido nas sessões era aceitar o enredo persecutório, trabalhá-lo de forma mais lúdica. Posso dizer que as ideias delirantes passaram a ser o brinquedo das sessões. Era a brincadeira do faz de conta. Nas brincadeiras, John se expressava: brigava, desculpava-se, ensinava, argumentava... até ríamos. Era possível perceber as alterações no mundo interno. John aos poucos começou com um faz de conta, e junto com a brincadeira vinham emoções diferentes daquelas que acompanhavam as ideias de perseguição.

A brincadeira era uma espécie de devaneio. Por exemplo, o paciente era o adulto e a mãe era uma criança, então era ele que tinha de orientá-la. Na cena, ele era bravo, mandava-a estudar. Nesse faz de conta, John não ocupava o lugar de objeto e passava a fazer ativamente o que sentia sofrer passivamente. Ele também introduzia um humor na cena. Falava a voz da criança e a voz do adulto. Ríamos juntos. John parecia gostar de me fazer rir.

Embora eu buscasse compreender o conteúdo das brincadeiras como uma expressão do mundo interno do paciente, eu não os interpretava, como fazia Melanie Klein. As minhas compreensões só se somavam ao paciente que eu também estava construindo dentro de mim.

Eu estava conhecendo John. Considero que talvez o meu manejo em relação àquelas experiências estivesse mais próximo da compreensão de Winnicott (1967/1975, p. 88) sobre o brincar. Considerava não somente os elementos simbólicos da brincadeira, mas principalmente a sua realização. As ideias delirantes perdiam sua força por meio do brincar e apareciam experiências de faz de conta. Para Winnicott (1967/1975), "é no brincar, e talvez apenas no brincar, que a criança ou o adulto fruem da sua liberdade de criação" (p. 79). Ou seja, brincar é realizar, e é por meio da realização que é possível construir confiança em si e no outro.

Cada paciente é único na sua forma de ser alimentado. Depois de atender outros casos com a mesma modalidade de sofrimento que John, vejo às vezes a minha ineficiência em acertar o *timing*, o ritmo, ou seja, o manejo. Merece um tempo para construir, afinal de contas, como diz Caper (2002c), "a mente de alguém é um mistério, até que vejamos como ela reage a alguma coisa" (p. 134).

6. Misturados no *setting*: um ainda não é um

Um ainda não é um: quando faz parte com todos.

Guimarães Rosa, 2019, p. 138

Durante os primeiros doze meses da análise, os pais de John chegavam inesperadamente ao meu consultório. Quando eu abria a porta para receber o paciente, era difícil saber quem mais eu iria encontrar: somente o paciente? O paciente e a mãe? O paciente e o pai? O paciente e os pais? Eram essas as configurações dos encontros. Tinha de reformular o meu *setting* interno para atender aquelas configurações inesperadas. No início, demorou também para eu ver o meu paciente inteiro, pois ele chegava com o seu mundo interno fragmentado. Assim, também as nossas sessões eram repartidas com personagens da realidade externa.

Invariavelmente, esses encontros com a família eram realizados na presença do paciente, salvo aqueles em que ele preferia aguardar na recepção. John, assustado com as brigas constantes que presenciava dos pais, sugeria que viessem ao meu consultório. Esse era o seu jeito de apaziguar a confusão.

Eu ficava a me perguntar por que ele cedia o seu espaço analítico para os pais. Havia os pais sem John? Havia John sem os pais? Eu sentia tudo misturado, sem paredes; entravam todos no *setting*. Logo comecei a entender que John não cedia seu espaço e que o fato de trazer os pais para o atendimento era uma forma de tentar se construir: ele precisava dividir comigo a responsabilidade que carregava em si, de "salvar" os pais da "tragédia"[1] que temia acontecer. Ele precisava me fazer ver aquilo que não se sentia autorizado a dizer.

No início do atendimento, era difícil expressar qualquer descontentamento em relação aos pais. Para ele ainda não era possível reclamar.

Nos encontros com a família, ao ouvir a narrativa dos pais, senti muitas vezes a minha mente fervilhar: falavam simultaneamente e dramatizavam a cena ocorrida de modo bastante intenso. Havia neles não só um pedido urgente de continência, mas também a expectativa de que eu desse o veredicto: quem era culpado, quem era inocente.

Como analistas, estamos sempre diante do sofrimento humano, mas há alguns casos em que experimentamos em nós o desamparo vivido pelo paciente. As "fraturas ontológicas não podem ser situadas no intervalo de uma única vida". A fissura de um pode tornar-se base para a fissura do "solo humano" de outro (Figueiredo, 2009, p. 35). Num solo trincado, cheio de fissuras, habitam traumas que serão herdados. Diante do solo trincado que os pais de John haviam se construído, eu me perguntava qual seria a área de apoio que poderíamos encontrar para John. A mãe tinha consciência dessa trinca no solo, e era essa consciência que muitas vezes a deixava mais apavorada. "Dra., jamais quero que meu filho passe por internações em hospitais psiquiátricos como eu passei." Ela havia passado por internações, experiências deixaram marcas indeléveis nessa família, pois a coluna sólida que sustentava a casa, representada pela mãe,

---

1 Penso que a separação dos pais era a tragédia que John temia acontecer.

foi aquela que desmoronou. Então, muitas vezes para John era difícil distinguir entre fraqueza e força, entre sanidade e loucura, se quem oferecia a terra firme também poderia se transformar num abismo quando menos esperava.

Nesses encontros, diante daquele reboliço (confusão de sons, desordem, gesticulação) no *setting*, John parecia não ouvir mais os pais; o seu olhar fitava os meus olhos. Ficava atento às minhas reações e pontuações. Talvez temesse que eu também me misturasse. Muitas vezes senti que seu olhar penetrante funcionava para mim como um eixo organizador das minhas ideias, a fim de que eu pudesse fazer uma mediação que acolhesse a angústia daquele casal, aproximando-o mais da realidade.

Após alguns encontros em que estivemos juntos com seus pais, ele pôde dizer que se sentia muito culpado por não ter feito nada para impedir as internações em hospitais psiquiátricos pelas quais a mãe havia passado. Elas tinham acontecido na primeira infância e próximo à adolescência de John. Nas sessões, pudemos pensar quais as possibilidades de uma criança ou mesmo um pré-adolescente poder dirigir uma situação desse calibre. Se o seu pai, um homem adulto, havia se sentido totalmente perdido, sem saber como conduzir aquela situação, resolvendo-a dentro dos seus limites, como ele, uma criança, poderia fazer diferente?

Inúmeros encontros com John mostravam-me que a fantasia de John de salvar a mãe de qualquer sofrimento não estava somente relacionada com o fato de necessitar de um ambiente estável. Também tinha a ver com o seu anseio para organizar as suas emoções. Sentir sua mãe emocionalmente bem e feliz também era uma garantia de que não carregava em si nenhuma herança "louca"[2]. Klein assinala a

---

2 Não estou referendo-me a palavra "louca" com aquela conotação pejorativa e discriminatória que alguns atribuem à palavra. O objetivo aqui é tentar estar mais

importância de analisarmos a situação transferencial, pois é por meio dela que acessaremos não só o mundo fantástico dos pacientes, mas também aquelas experiências que foram reais na vida do paciente.

> *Na mente do bebezinho, toda experiência externa está entrelaçada com suas fantasias e, por outro lado, toda fantasia contém elementos da experiência externa, e é unicamente analisando a situação de transferência em sua profundidade que seremos capazes de descobrir o passado, tanto em seus aspectos realistas quanto em seus aspectos fantasiosos. (Klein, 1946/1996, p. 77)*

A experiência de John do passado é reencenada no *setting*. A cena se repete, mas diferentemente. John agora consegue intervir: diante do desespero do seu pai pensando em resolver os problemas usando a forma já conhecida – internar a mãe[3] –, ele insiste para o pai ir ao meu consultório antes de tomar qualquer decisão.

Abro a porta da minha sala e me deparo com John e seu pai. John comunica a sua necessidade de falar comigo. O pai começa dizendo-me que sua esposa não estava bem. Ele esperava obter de mim uma ajuda para interná-la, pois não sabia como agir. Diante dessa

---

próxima da experiência do analisando, visto que ele fazia uso dessa palavra com humor, querendo nomear sua vivência de um estado mental de desintegração.

3   A falta de familiaridade com fenômenos psíquicos e até o desespero para conter emoções antes impensáveis, podem levar famílias a tomar decisões precipitadas com relação ao modelo de tratamento adotado num momento de crise. Uma internação psiquiátrica, quando a pessoa tem capacidade de desenvolver recursos para lidar com suas dificuldade de outra forma, pode não ser favorável. Atualmente, pós pandemia, a sociedade vem adquirindo mais consciência de que todos nós estamos suscetíveis a experimentar sintomas de algum transtorno mental durante a vida. Essa ruptura com os preconceitos que travam o autoconhecimento tem contribuído para que as pessoas busquem ajuda especializada quanto antes.

cena, vivi uma breve confusão: parecia-me que o passado de John se fazia presente, agora, ali.

Lembrava-me do filme *Efeito borboleta* (2004). Nele, um jovem universitário sofre de dores de cabeça fortes, que desencadeiam desmaios. Nesses momentos em que se encontra inconsciente, ele vivencia a experiência de voltar ao passado e alterar experiências vividas na infância. As mudanças que ele fazia no passado alteravam totalmente o seu presente.

John me olhava mudo e atento, acenava somente com a cabeça quando seu pai lhe pedia para confirmasse que a história narrada por ele correspondia à realidade.

O pai sugere que eu convença a sua esposa de que ela precisa ser internada, mas me propõe não contar a ela aquela conversa que estava ocorrendo. Percebo o pai de John muito amedrontado, com receio de que a mulher pudesse interpretar a ida dele ao meu consultório como uma traição. Em contrapartida, ele me convidava para um conluio; não somente a mim, mas também ao John: forjar uma situação e, de alguma forma, repetir a experiência do passado que havia sido traumática para toda a família, ou seja, a internação da sua mulher.

Ao identificar a reatualização de vivências passadas, a análise propicia a elaboração delas. Nesse sentido, Freud (1914/1996) assinala que "a transferência cria, assim, uma região intermediária entre a doença e a vida real, por meio da qual a transição de uma para outra é efetuada" (p. 170). No entanto, com essas experiências vividas no *setting*, eu ficava a me perguntar: como pensar essa transferência que envolvia não somente o mundo interno de John, mas também aspectos realistas?

A minha hipótese era de que a insistência recorrente de John em trazer seus pais para o *setting* relacionava-se a um aspecto in- discriminado da sua realidade psíquica e do mundo externo, assim como no delírio. Não havia como trabalhar somente com os pais internalizados, pois havia um processo anterior a fazer: construir portas internas para que o mundo de fora não o invadisse. Já não sabíamos o que era passado e o que era presente; nem quem era John, nem quem eram seus pais.

Não cabem aqui detalhes do desfecho dessa história, mas vale dizer que ele foi positivo. John pôde se sentir mais potente nesse novo momento, podendo inclusive refletir na análise sobre as diferenças entre o John daquele momento atual e o da primeira infância. Pôde expandir sua noção do tempo e, também, da sua história. Entendi que, ao se sentir apto para agir diante daquela situação na família, ele pôde se sentir mais adulto, consequentemente pôde também reconhecer a criança do seu passado sem mais fazer tantas exigências a ela.

Ao reconhecer essas diferenças, foi possível para ele não só experimentar um alívio da culpa que sentia em relação as experiências da mãe, mas também diminuir as exigências que fazia a si mesmo. Além de conseguir atribuir novos significados para aquela experiência, também pôde se sentir reparando, principalmente, seus objetos internos.

O *setting* parecia ser uma nova possibilidade para John. Ele, de alguma forma, precisava me ver pensando e agindo diante de algumas situações que ele vivia com seus pais. Precisava aprender a transformar experiências cruas em experiências mais suportáveis. A contratransferência foi o principal instrumento que pude usar, não só para compreender o que o paciente estava me comunicando, mas principalmente para ajudar John a construir novos significados para aquelas experiências.

E foi assim. De tempos em tempos, seus pais apareciam, até chegar o momento em que as portas puderam ser fechadas.

A partir de determinado momento do trabalho, percebi que fechar as portas do meu consultório para os pais também era uma forma de fazer John viver aquilo que sentia não estar apto a fazer, ou seja, criar portas internas, já que entre ele e os pais não havia paredes.

O paciente sentia muito medo de ter qualquer segredo. Tudo deveria ser contado para a mãe, pois assim ele não seria culpado se algo desse errado. Ele não se autorizava a ter as suas próprias ideias. Naturalmente, a mãe ficava muito assustada com suas teorias de conspiração e não reagia muito bem a elas. Era bastante sofrimento para ambos. Naquele período a servidão de John à mãe o impedia de expressar sua agressividade, que poderia tê-lo ajudado a marcar o seu território, ou seja, o seu eu.

Tendo essa compreensão, chamei os pais para um encontro, junto com John. Nesse encontro, informei que não os receberia em meu consultório no horário em que as sessões de John aconteciam. Se precisassem falar comigo, a partir daquele momento, teriam que entrar em contato para agendarmos uma outra sessão.

Relatei também que havia compreendido, após alguns encontros, o quanto eles precisavam de um espaço para tratar as questões do casal. Certamente, John percebia essa intensa necessidade dos pais e se assustava com ela. Transformava os conflitos deles em algo seu.

Considerando a disponibilidade do casal em vir me relatar seus conflitos, sugeri então que procurassem um profissional para realizar a terapia de casal. A partir de então, as sessões ocorreram sem nenhuma interferência. Quando precisavam falar comigo, ligavam-me para agendar.

Embora essa intervenção pudesse ter sido realizada logo no início do processo, assim que os pais surgiam inesperadamente em meu consultório, naquele momento – por não compreender o que seria o melhor a fazer para o paciente – não o fiz. Sabia que, pelo menos no início, a presença dos pais de forma inesperada tinha a ver com uma necessidade do paciente. Os pais me pediam desculpas, pois não queriam me incomodar com seus problemas. Haviam contratado os meus serviços para atender o seu filho, no entanto, diziam que, quando havia conflitos, John insistia para que eles viessem falar comigo. Eles compreenderam e cooperaram.

Havia uma aposta de John de que eu poderia cuidar não só dos seus pais internos, mas também dos externos. O *setting*, a sala do meu consultório, tornou-se uma amostra do seu mundo interno: todos entravam e saiam sem nenhuma barreira. Uma guerra, os pais agitados, atacando-se, uma grande confusão.

Quando a barreira não está segura, pode ser necessário uma intervenção na experiencial real, para que se possa construir uma distinção entre o mundo de dentro e o mundo de fora. A porta do *setting* fechou para que John não fosse inundado. Depois disso, algo foi mudando em John. Aos poucos percebi que estava criando para si um espaço somente seu e diferente daquele dos seus devaneios e delírios, que eram seu mundo paralelo. Naquele momento, ele estava podendo compartilhar suas experiências sem se mistura e ou se confundir com os outros. Aos poucos pôde não me mostrar, mas sim falar do que sentia em relação aos seus pais. Não eram mais "lembranças em sentimento" (Klein, 1957/1996, p. 267), já eram palavras, reflexões, era dor.

John passou a se incomodar com a invasão da sua mãe ao seu quarto e foi descobrindo que poderia fechar e trancar a porta quando estava se vestindo, pois não queria ser invadido principalmente nesses momentos. Também passou a manter-se num lugar, sem sair correndo como anteriormente, ainda que emergissem as vozes com xingamentos. Ele já tentava não dar ouvidos às vozes e passou a dormir melhor também.

Já se recusava a ser um ouvinte da mãe, principalmente quando o assunto era a insatisfação com o seu pai. Aos poucos, via-se aceitando não ter potência para resolver os conflitos entres os pais. E, depois de um tempo, algumas portas foram fechadas e outras foram abertas.

O paciente começou a falar sobre seus desejos eróticos, começou a olhar para garotas, também começou a se interessar por alguns autores que estava estudando. Surgiu um estágio, e outros personagens entraram na sua vida. Essas mudanças evidenciavam para mim que as experiências vividas na análise estavam tendo ressonâncias na organização psíquica do paciente.

Conforme Klein, quando acontece uma identificação com um objeto bom, os anseios libidinais aumentam e o mecanismo de introjeção é reforçado (Klein, 1952/1996b). Parece que aos poucos John abria os olhos para ver os objetos do mundo sem interpretá-los rapidamente e fazer suas deduções. Havia aos poucos um aprendizado em relação ao tempo das coisas se realizarem dentro dele.

Ele também me conta como tinha resolvido o seu medo de ser transformado num homossexual. No início da análise, o paciente dizia não conseguir ficar nos ambientes; tinha o impulso de sair correndo assim que sentia que "Eles" o estavam perseguindo para transformá-lo num homossexual.

Com o andar da análise, apresentou uma significativa melhora em relação a esse quadro. Atribuía a uma fala minha a sua melhora: conforme seu relato, em alguma sessão eu lhe havia dito que "Eles", a "Organização", só poderiam transformá-lo se ele quisesse. Assim, ele concluiu que não precisava ter medo, pois já sabia que não queria.

Nessa construção que John fez, para compreender a razão da sua melhora, ele me comunica duas descobertas importantes: que poderia escolher e que já sabia um pouco mais de si mesmo.

Eu não tinha lembrança das palavras que John atribuía a mim, pelo menos daquela forma. Entretanto, a subjetivação e a apropriação egoica eram o objetivo da sua análise. Do ponto de vista intrapsíquico, posso inferir que a experiência era de um ego menos submetido pelo superego arcaico (representado pela suposta "Organização"). Lembremos que na posição esquizoparanoide, conforme Ogden (2017),

> *a subjetividade encontra-se em um estado rudimentar de desenvolvimento e, portanto, o self é predominantemente o self como objeto, que pode fazer coisas e ter coisas feitas a ele, mas não vivencia a si mesmo como autor de desejo ou intérprete da experiência. (p. 11)*

John havia iniciado o seu processo analítico sentindo não ter autonomia nenhuma sobre si mesmo. Seus desejos, pensamentos e sentimentos eram vividos como objetos maus, sempre dispostos a atacá-lo.

A experiência de análise pôde aos poucos proporcionar mais confiança ao paciente, produzindo significativas mudanças. A integração das vozes com o pensamento já produzia um senso agudo de realidade, sendo este um fator importantíssimo: distinguir entre realidade interna e externa. Ele pôde falar na sua análise desses dois lugares conscientemente.

Durante um tempo de análise, quando John já experimentava um senso de realidade importante, conversamos sobre como lidar com o fato de ter de conviver com pessoas que não viam o mundo como ele o via. Já encontrava estratégias para estar nos ambientes e rejeitar as vozes que eram mais integradas aos seus pensamentos. Estas são estratégias que considero muito próximas das de John Nash, apresentadas no livro *Uma mente brilhante* (2002) sobre seu processo de recuperação. Ele diz:

> *Aos poucos, eu comecei a rejeitar intelectualmente certas linhas de pensamento influenciadas pelo estado de delírio, que tinha sido característica de minha orientação.*

> *Isso começou, de modo mais perceptível, com a rejeição do pensamento orientado politicamente como algo que era, essencialmente, um desperdício de esforço intelectual. . . . Na realidade, isso pode ser semelhante ao papel da força da vontade para se fazer uma dieta efetiva; se fazemos um esforço para "racionalizar" nosso pensamento, então podemos simplesmente reconhecer e rejeitar as hipóteses irracionais do pensamento delirante. (Nasar, 2002, p. 428)*

John se esforçava para não se deixar capturar por pensamentos que o deixavam inseguro em alguns ambientes, algo parecido com essa racionalização de que o matemático fala. Esses momentos o mostravam mais forte. Pensamentos já eram utilizados como um recurso para lidar com seus medos. A construção que havia realizado para explicar a sua melhora era um indício de que, devagarinho, uma internalização de uma boa experiência estava acontecendo e estava associada à análise.

7. A contratransferência: sinto em mim o que a mãe esqueceu

> *A atividade autoanalítica na contratransferência do analista é empática quando este provê um espaço mental interno para as expressões do paciente – não verbalmente representáveis, só podendo ser descobertas na analista.*
>
> Bollas, 2015, p. 282

Conforme Segal (1975), compreender a psicopatologia da fase mais primitiva do desenvolvimento é um problema difícil para a psicanálise. A dificuldade está justamente no fato de as experiências primitivas já terem se modificado e já serem confundidas com as posteriores ao longo do desenvolvimento. Por meio de estudos de casos clínicos, foi se confirmando que os pacientes que apresentam psicoses regridem a uma fase de desenvolvimento em que já possuíam características patológicas na mais tenra infância (Segal, 1975, p. 67).

É importante salientar que, em alguns casos, por meio de anamneses, já podemos ter alguns indicadores dessas características patológicas. Há outros em que, durante a verbalização dos fatos realizada pela família, não encontraremos resquícios que nos indiquem essas características. Será somente durante o processo de análise, por meio da relação transferencial e da contratransferência estabelecida com o paciente e sua família, que o analista poderá apreender experiências que podem vir a evidenciar as dificuldades vividas na mais tenra infância que ainda gritam por uma elaboração.

Penso ser importante sinalizar esse aspecto, pois, quando se trata de casos de pacientes que romperam com a realidade, a busca de ajuda pelo profissional tende a ser sempre acompanhada por um familiar. Nas minhas experiências na clínica, esse membro da família, predominantemente, é a mãe.

Nesses quadros clínicos, a família pode vir a participar mais do processo, podendo oferecer melhores informações, consciente ou até mesmo inconscientemente, a respeito da primeira infância do paciente. A cooperação dos pais de John durante sua análise foi muito importante para a compreensão do seu mundo interno. Então, pude especialmente aprender com esse caso a importância de estarmos atentos aos fenômenos contratransferenciais que surgem na relação com a família e como eles podem contribuir para o processo do paciente.

Para Klein, para compreender qualquer atitude ou emoção de nossos pacientes, temos que nos perguntar: quais experiências do início da infância podem estar influenciando para que certas emoções surjam hoje na vida adulta?

Comecemos então pelo começo.

Ainda que não tenha sido planejado, o paciente foi bem aceito, logo que veio o anúncio da gravidez. O período de gestação e o parto foram compreendidos como algo tranquilo. Em relação à amamentação, depois de dois meses, o seio foi substituído pela mamadeira, sem grandes dificuldades. Desse modo também ocorreu o desmame.

A narrativa dos primeiros tempos da experiência de vida de John não me disse nada pelo seu conteúdo do material; aliás, pelo conteúdo apresentado, pareceu-me não ter havido nenhuma intercorrência. A mãe pôde acompanhar o bebê em suas necessidades primárias: alimentação, higiene, visitas médicas etc. Ao ouvi-la, o que ressoava em mim era o fato de essa história estar bem distante, quase sem lembranças. Se havia recordação dos fatos ocorridos evocados pelos meus questionamentos, parecia não haver emoção ligada a essa memória. Neste encontro com ela, fiquei com a sensação de ter comido (informações) e não me alimentado (emoções).

Fiquei a imaginar: "Será que teria sido assim a alimentação de John?".

Apesar de essa comida promover o vigor físico, não tinha sustância emocional?

Não havia nada nos fatos, pelo menos ali narrados pela mãe, que pudesse me falar um pouco mais sobre as dificuldades vividas por John naquele momento.

O nascimento de um bebê produz fortes ansiedades na genitora, e uma rede afetiva (pai, avós, família, amigos), nesse momento, favorece que a mãe possa atravessar as ansiedades desse período mais amparada. Não foi assim com a mãe de John. Ela carregava consigo carências importantes, as quais eram negadas pelo seu ímpeto de resolver tudo para a família: assumia o lugar da pessoa que tomava decisões, planejando presente e futuro. Sentia ter que cuidar em tempo integral e, embora não confiasse que pudesse receber a ajuda do marido e da família de origem, nutria um profundo ressentimento por não receber aquilo que sentia oferecer para eles. Naquele encontro, fiquei a pensar o quanto deveria ter existido de afetos relacionados às suas primeiras experiências com John que ainda não haviam sido integrados na sua mente para trazê-los àquela narrativa.

As experiências de internações que viveu em hospitais psiquiátricos foram aterrorizadoras. Produzira em si uma dor indelével. Ouvir o seu relato sobre elas transformou-se no momento em que pude experimentar maior conexão com o seu sofrimento. Pude perceber também o seu grande temor em não conseguir proteger seu filho de tudo aquilo a que ela fora submetida. Devido aos problemas que John vinha apresentando, a mãe parecia já bastante insegura em relação à sua capacidade de cuidar, quadro que foi se transformando durante o processo.

A contratransferência estabelecida com a mãe de John, assim como toda a sintomatologia apresentada por ele – alucinações auditivas, ideias delirantes, experiências de dissociação –, no início de sua análise, puderam me dizer quão frágil fora o encontro da dupla (mãe e filho) no início da vida do analisando. Essa compreensão contribuiu para a minha hipótese de que não só por razões internas (moções pulsionais) do paciente, mas também pela falta de um ambiente que pudesse funcionar contrabalanceando esses impulsos, a firme internalização de um objeto bom que pudesse assentar as bases para a saúde psíquica não pôde ser estabelecida na sua tenra infância.

Para que a firme internalização de um objeto bom seja estabelecida, será necessário separar a mãe boa da mãe má. Essa cisão será a estratégia defensiva do ego, que possibilitará ao bebê ultrapassar suas primeiras experiências de vida, uma vez que nesse período seu ego ainda é muito frágil e a desintegração estará muito presente. Conforme Segal, esse é um momento de o bebê se manter identificado com um objeto ideal, pois essas primeiras experiências de gratificação introjetadas pelo ego estariam, ainda que parcialmente, protegendo a integridade e os limites do ego (Segal, 1975).

A cooperação dos pais de John durante o processo foi muito importante para a compreensão do seu mundo interno. Contudo, penso ser importante discernir que os pais reais podem fornecer informações para que o analista venha a compreender que falhas ambientais corroboram para as dificuldades que o paciente encontra na sua vida psíquica, mas essas informações só terão finalidade se puderem ser reintegradas e compreendidas à luz da relação transferencial estabelecida no *setting*.

A presença dos pais de John, de forma inesperada, durante o primeiro ano de análise – narrada no capítulo anterior –, serve-nos como exemplo. Os encontros realizados com os pais do paciente não tinham o objetivo de fazer intervenções no sentido de transformá-los, ainda que possam ter experimentado, transitoriamente, menos angústia após se sentirem escutados.

Fui receptiva, recebendo-os sem criar nenhum impedimento para aquela situação. Primeiro, porque não sabia bem o que fazer. Hoje vejo que a minha inexperiência da época até contribuiu, pois pude aguardar John me dizer o que aquelas experiências vividas no *setting* com seus pais nos diziam sobre seu mundo interno.

Segundo, porque, ao escutar os pais junto com meu paciente, pude acessar suas experiências não só do ponto de vista concreto (presenciar o conflito dos pais), mas também pude reconhecer – via contratransferência – que emoções aqueles conflitos evocavam em John.

Portanto, é inútil para o analista, mesmo que em fantasias, ficar criticando os pais do paciente, responsabilizando-os pelos problemas psíquicos do filho. Pois, embora isso venha a ser verdade, o analista nada tem a fazer. Hoje, quando me pego em algumas situações assim, tento sempre observar se é algum material do encontro que precisa ser examinado ou se é algo meu que, por alguma razão, está me desviando do curso do processo analítico do paciente, impedindo-me de fazer o meu trabalho. Devemos lembrar que se estamos inferindo que possíveis falhas ambientais promoveram traumas na constituição psíquica do indivíduo, temos que estar atentos para que elas não sejam reproduzidas no ambiente analítico.

Entendo que o melhor a fazer é ficarmos atentos a essas armadilhas e conduzir o tratamento com foco no paciente. Ademais, é importante considerar que o fato de os pais buscarem ajuda psicológica já é um aspecto que precisa ser valorizado.

Os pais podem racionalmente encontrar mil argumentos para justificarem o pedido de ajuda e até produzir, inconscientemente, alguns empecilhos durante o tratamento, mas o fato de terem realizado a ação de chegar até o consultório, pedir ajuda e sustentar financeiramente e emocionalmente o processo analítico do filho evidencia para mim uma predominância de amor por parte deles em relação ao filho. Transmissões inconscientes não são escolhas deliberadas, e nós, analistas, somos os mais aptos a ter essa compreensão, podendo assim estabelecer empatia com o sofrimento das famílias.

A autora Guignard (2002) sugere que o foco do analista, durante o processo de análise do paciente, deverá ser as características afetivas e de pensamentos que o paciente atribui ao objeto interno que está projetado no analista. Só assim "o analista poderá ter uma representação mais significativa das relações que o ego do paciente mantém com o objeto transferido para ele, analista, *e poderá intervir a partir do lugar desse objeto interno*" (p. 155).

Tendo como um norte as considerações da autora, pode-se primeiro compreender que a melhor contribuição que uma análise pode dar é colaborar para que o paciente ganhe autonomia e possa agir sobre o seu ambiente. Por meio das mudanças psíquicas adquiridas, ele poderá se posicionar de forma diferente no seu ambiente, e, consequentemente, os próprios pais terão que responder a essa nova posição.

Voltando à experiência da clínica. Depois que John pôde aos poucos compreender que sentido tinha para ele trazer os pais para as sessões, então pude intervir. Como diz Winnicott (1972/2010), "uma interpretação certa, no momento certo equivale a um contato físico" (p. 217). Naquele momento, a minha intervenção era a interpretação.

Orientar os pais a buscar uma análise, bem como manter o horário de John protegido, funcionou como uma parede interna. A análise veio a mostrar como reverberou esse processo na análise e na vida do paciente. A ideia de que as pessoas liam seus pensamentos se atenuou significativamente, o que eu compreendia como um movimento de John podendo se manter mais inteiro e não misturado com o outro. Passou a me perguntar o que eu achava de algumas situações e não falar comigo como se eu já soubesse.

Outra mudança diz respeito às suas atitudes. Contava-me que já fechava a porta do seu quarto e sua mãe já não entrava de forma inesperada. Também passou a narrar que agora gostava de colocar a comida no seu prato, podendo inclusive escolher os alimentos. Enfim, passou a expressar certa individualidade e autonomia.

Geralmente, os pais em alguns momentos passam a estranhar o comportamento do filho. Queixam-se de ter outro filho, um filho diferente, situação que logo se acomoda quando o jovem vai ficando mais confiante e seguro de si mesmo e percebe que pode amar sem se sentir submetido aos pais.

Entendo que esse foi um dos momentos muito importantes da sua análise.

8. O ambiente em Klein: entrelaçamento entre fantasia e realidade

o fato de uma boa relação com a mãe e com o mundo externo ajudar o bebê a superar suas ansiedades paranoides arcaicas, lança uma nova luz sobre a importância das primeiras experiências.

Klein, 1952/1996b, p. 124

Em seu livro *Uma visão clínica da evolução kleiniana* (1924), ao falar dos efeitos dos pais externos, Elizabeth Spillius assinala uma questão que me parece fundamental, pois tornou-se presente e polêmica entre aqueles que se interessam pela teoria de Klein. Qual a importância que Klein dá ao ambiente na sua teoria?

Embora Klein tenha desenvolvido uma teoria de relações objetais, em vez de uma teoria só biológico-pulsional, ela não realça conceitualmente no seu sistema teórico a personalidade e o comportamento dos pais reais (ambiente), principalmente nos seus primeiros trabalhos, presentes em *A psicanálise de crianças* (1932). Somente a partir de 1935, Klein passar a expor com mais frequência a importância do ambiente na constituição do desenvolvimento da criança, não deixando de enfatizar a constituição como um agente ativo (Spillius, 1924/2007, p. 106).

Klein pontua que o solo do qual germina a mente está numa combinação entre fatores internos e externos. Nas suas palavras:

> *Somos, portanto, obrigados a concluir que os fatores constitucionais não podem ser considerados separadamente dos ambientes e vice-versa. Todos eles contribuem para formar as mais arcaicas fantasias, ansiedades e defesas, que, embora se encaixem em certos padrões típicos, são infinitamente variáveis: este é o solo do qual germina a mente e a personalidade individual. (Klein, 1935, p. 142)*

Na obra de Klein, encontraremos vários trechos em que ela sinaliza a influência do ambiente para a constituição psíquica. Entretanto, há ainda muitas discussões em relação aos limites e como esse ambiente pode ser compreendido no pensamento da autora.

Ogden, partindo dos trabalhos de 1952, 1957 e 1958, trouxe uma visão interessante sobre o papel do ambiente na obra de Klein, considerando que as dificuldades mais aparentes na teoria kleiniana estão no fato de ela não só ter subestimado o valor do ambiente, por considerar que o bebê é uma entidade psicológica independente, fechado no seu sistema intrapsíquico, como também "parece ter tido pouca concepção da unidade mãe-bebê como unidade subjacente ao início do desenvolvimento" (Ogden, 2017, p. 47).

Embora Ogden considere essas algumas das limitações da obra de Klein, ele sinaliza a importância de analisarmos a teoria kleiniana como um conjunto de hipóteses que podem ser modificadas, ampliadas e até descartadas, gerando assim uma estrutura de pensamento que viabilize uma compreensão daquilo que está implícito em seus conceitos.

Ele identifica que Melanie Klein não desenvolveu na sua obra a criação da unidade psicológica mãe-bebê, mas o conceito de identificação projetiva, que traz algo análogo à criação dessa unidade, conforme pensado por Bion no seu conceito de continente e contido, bem como por Winnicott com a concepção de estágio inicial de ilusão e espaço potencial. Desse modo, Ogden considera que somente por meio do conceito de identificação projetiva, da forma como ele o compreende, é possível incluir o ambiente no pensamento kleiniano (Ogden, 2017, p. 45).

É útil trazer as questões levantadas por Ogden para compreendermos as limitações encontradas para explicar a possibilidade de aprendizagem pela experiência no pensamento kleiniano. Vamos entender por que somente por meio do conceito de identificação projetiva o autor obteve respostas para alguns dos seus questionamentos.

Conforme Ogden, o bebê kleiniano vê no mundo somente o que ele espera ver, amparando-se em suas preconcepções. Isso quer dizer que, no início da vida, o bebê vai organizando as suas experiências por meio das sensações corporais internas e percepções dos objetos externos. Baseando-se nos instintos de vida e de morte, dois sistemas de significados são gerados. O instinto de morte promove mais ansiedade do que o instinto de vida, já que gera um sentido de perigo à sobrevivência, além de exercer grande influência sobre a forma como o bebê organizará suas experiências. Ele, no início, cria sua realidade, e ela é totalmente fantasiosa.

Faço um parêntese aqui para introduzir a ideia de Baranger referente a essa "realidade fantasiosa". "Na primeira realidade da criança, não consiste exagero afirmar que o mundo é um seio e um ventre cheio de objetos perigosos, perigosos em virtude dos próprios impulsos da criança de atacá-los" (Klein, 1927 citado por Baranger, 1981, p. 38). Ele considera que não só para a criança, mas, no caso de pacientes psicóticos, "o mundo ainda é um ventre povoado por objetos perigosos" (Klein, 1927 citado por Baranger, 1981, p. 38).

Voltemos a Ogden. Ele faz uma analogia da experiência do bebê com a de um paciente adulto profundamente paranoide que vivencia qualquer nova relação em termos de expectativa de perigo – até uma pessoa que foi gentil e agradável pode vir a ser interpretada como uma pessoa manipuladora. Nesse sentido, o paciente, aprisionado no seu mundo mental, passa a perceber o ambiente de acordo com as suas fantasias.

Neste ponto, estou de acordo com Ogden, e o caso de John nos serve de exemplo. Naquele período, de grande aflição, aprisionado no seu mundo mental, qualquer pessoa que estabelecesse contato conversando ou simplesmente direcionando a ele um olhar desavisado já passava a ser alguém perigoso que estava a serviço da suposta "Organização". Ele desconfiava de seu pai, sua mãe, seus familiares... Qualquer um passava a existir dentro dele de acordo com suas projeções.

A fim de elucidar bem o fato, Ogden (2017) também cita os casos de pacientes hipocondríacos, que discordam de quaisquer diagnósticos médicos e passam a vivenciar suas experiências corporais conforme "seu estado delirante de perigo interno" (p. 41).

A questão levantada por Ogden é a seguinte: como um bebê ou um paciente que se encontra nesse aprisionamento mental pode libertar-se e tornar-se capaz de aprender com a experiência? Questão importantíssima para compreendermos o nosso fazer clínico: o que permitiria a John e a outros pacientes, que se encontram prisioneiros do seu estado mental, mover-se além de si mesmos?

Ogden (2017) dirá que uma das possíveis respostas sugeridas pelos kleinianos, que por sinal não o convencem, "é que em combinação com a maturação biológica do bebê, uma boa experiência flexibiliza a convicção do bebê acerca dos perigos no mundo" (p. 41). Ou seja, à medida que as boas experiências predominam sobre as más, o ego se torna mais confiante de que os impulsos de vida sobreponham os instintos de morte (Segal, 1975).

É preciso considerar igualmente, segundo Ogden, que, ainda que possamos vir a acreditar que a projeção de derivativos de instinto de vida crie objetos bons e idealizados, que funcionem como defesas contra os objetos maus, isso não explica a capacidade que o bebê tem de alterar seus relacionamentos com maus objetos. Ele esclarece:

> *O paciente paranoide não emerge de sua paranoia pelo desenvolvimento de uma força policial mental que irá lhe proteger do perigo. Uma mudança de qualidade da experiência do bebê dos maus objetos não é explicada por um deslocamento quantitativo na balança de poder entre os objetos bons e maus. (Ogden, 2017, p. 42)*

Para ele, não alteramos a nossa crença no perigo só porque há alguém nos protegendo; por isso, a afirmação de que uma boa experiência flexibiliza a convicção do bebê acerca dos perigos no mundo não é muito satisfatória. Ele diz: "pode-se pensar sobre o motivo pelo qual o bebê deve confiar em uma boa experiência em vez de dispensá-la como armadilha ou fraude" (Ogden, 2017, p. 42).

Quanto a esse ponto, não concordo inteiramente com Ogden. Parece-me pertinente considerar a questão de que experiências boas externas podem diminuir a sensação de perigo no mundo sentida pelo paciente, até mesmo porque a experiência de análise não deixa de ser um novo ambiente. Um ambiente que, por ter o potencial de fazer o paciente reviver a história da sua relação com os objetos internos e externos, inclusive empregando os mesmos métodos com o analista que utilizou com os pais para se defender das ansiedades, produzirá uma nova experiência, permitindo ao paciente testar sua realidade interna por meio da realidade externa.

> *não há dúvidas de que, se o bebê foi de fato exposto a condições muito desfavoráveis, o retrospectivo*

> *estabelecimento de um objeto bom não pode desfazer as más experiências iniciais. Contudo, a introjeção do analista como um objeto bom, se não está baseada em idealização, tem em certa medida o efeito de prover um objeto bom interno, lá onde estava faltando. (Klein, 1957/1996, p. 267)*

A realidade interna de John era de que a analista estava na sua lista de perseguidores, mas, com o passar do tempo, ela, que estava na sua mente gravando as sessões para informar à "Organização" no início da análise, predominantemente já não era a mesma no final.

> *Quando o bebê introjeta uma realidade externa mais asseguradora seu mundo interno melhora, o que, por sua vez, através da projeção, beneficia sua imagem do mundo externo. Gradualmente, portanto, à medida que o bebê reintrojeta repetidas vezes um mundo interno e externo mais realista e reassegurador, e também estabelece dentro de si, em alguma medida, objetos completos e não danificados, ocorrem desenvolvimentos essenciais na organização do superego. (Klein, 1952/1996b, p. 99)*

Klein diz: "à medida que o bebê reintrojeta repetidas vezes". *Repetidas vezes*, penso ser esse um fator importante. Num primeiro momento, o bebê (ou o paciente) poderá interpretar a experiência boa como uma fraude e dispensá-la como uma armadilha, como sugeriu Ogden. Tal fato eu pude observar na experiência com John no início da análise, quando ele me colocou na sua lista de perseguidores.

Contudo, à medida que a análise foi acontecendo, três vezes por semana, meses, anos, esse objeto interno (analista, mas também outras pessoas da sua vida), puderam se transformar. Assim, concordo com o pensamento de Klein de que quando o bebê recebe gratificações de um novo tipo, a frustração e o ressentimento relativo às situações anteriores são mitigados, possibilitando a sensação de mais segurança (Klein, 1952/1996b).

A questão que Ogden levanta, contudo, é que o bebê pode não reconhecer a gratificação como um novo tipo e interpretá-la como correspondente às suas expectativas. A ideia kleiniana é que, não importa a patologia, quando recebemos um paciente em nosso consultório, em algum grau, um objeto bom foi internalizado, pois ele está vivo.

> *Eu diria que, mesmo que a cisão e a projeção operem intensamente, a desintegração do ego nunca é completa, enquanto a vida existir. Pois acredito que a premência por integração, por perturbada que seja, até mesmo em suas raízes é, em algum grau, inerente ao ego. Isto está de acordo com meu ponto de vista de que nenhum bebê sobreviveria sem possuir, em algum grau, um objeto bom. São esses fatos que permitem à análise conseguir algum grau de integração, algumas vezes até mesmo em casos muito graves. (Klein, 1955/1996, p. 200n25)*

Se essa premência à integração é inerente ao ego e se há, em algum grau, a internalização de um objeto bom, poderíamos supor que essa resposta apresentada pelos kleinianos de que uma boa experiência flexibiliza a convicção do bebê acerca dos perigos no mundo é pertinente. E por que é pertinente? Em algum grau, já existe um registro emocional de uma experiência boa – um objeto bom.

Quem está vivo teve alguma experiência de cuidado, ainda que essas experiências tenham sido precárias. Como sugeriu Klein, a própria experiência intrauterina torna-se, na mente do bebê, uma hipótese inconsciente a respeito do objeto bom. Tendo isso em vista, entendo que a constância das experiências boas poderá flexibilizar a crença nos objetos maus, uma vez que, seguindo o raciocínio de Caper, se a hipótese do objeto bom for confirmada, aos poucos o paciente conseguirá reconhecer a diferença entre elas e distinguir entre uma boa experiência e uma fraude.

> *a aquisição do senso de realidade depende de termos experiências de nossas hipóteses inconscientes a respeito do objeto bom serem infirmadas. Se nossas hipóteses quanto ao objeto jamais fossem confirmadas, não se desenvolve a distinção entre realidade externa e interna, a percepção será indistinguível da alucinação e o senso de realidade padece. Para que se possa saber o que é real, faz-se necessário conseguir fantasiar, e aí comparar a fantasia com a percepção e, então ver a diferença. O estabelecimento do senso de realidade é sinônimo de "ver a diferença" – de firmar a distinção entre realidade externa e a interna. (Caper, 2002b, p. 214)*

Embora eu considere que essa afirmação realizada pelos kleinianos seja satisfatória, ela não exclui a afirmação de Ogden (2017) de que a identificação projetiva – conforme ele a entende –"permite ao bebê . . . processar a experiência de maneira qualitativamente diferente de qualquer coisa que lhe possa ter sido possível por conta própria" (p. 43).

John, principalmente no início da análise, fez uso intenso de identificações projetivas, situação apresentada no capítulo anterior. As alterações ocorridas na sua maneira de ver o mundo e a si mesmo estão também relacionadas à possibilidade de ter feito uso desse mecanismo.

Na identificação projetiva, um potencial para uma certa qualidade de experiência é gerado pela entidade mãe-bebê. Lacan (1956b) refere-se à nova entidade psicológica criada pelo paciente e o analista como "O outro". A mãe de exitosa identificação projetiva é entidade maior do que qualquer indivíduo, capaz de gerar uma qualidade de ser que nenhum indivíduo sozinho seria capaz de criar. (Ogden, 2017, p. 44)

Vendo o analista como "O outro", uma entidade maior que qualquer indivíduo, ocorreu-me o exemplo narrado no texto anterior, em que John atribuiu a analista uma "fala" que culminou na ausência dos seus medos de ser transformado num homossexual.

Concordo com Ogden (2017) que a importância do ambiente está implícita na obra de Klein, mas não somente por meio da identificação projetiva. A ênfase dada às relações de objetos (internas e externas), o intercâmbio constantemente enfatizado entre a realidade interna e a externa por meio dos conceitos de fantasia inconsciente, projeção e introjeção, são também indicações da importância do ambiente na sua obra. O conceito de objeto bom é fundamental para compreendermos como já estava implícito a importância do ambiente na obra de Klein. Um objeto interno bom é constituído, essencialmente, de uma boa relação com o outro (pessoa que faz a maternagem). Um outro que possa, simultaneamente, suportar ser amado sem se sentir invadido e odiado sem se sentir destruído favorecerá ao bebê (na clínica o paciente) a lidar com seus sentimentos ambivalentes. Repetidas experiências dessa natureza serão a base fundamental para a identificação com as boas características da mãe, consequentemente, expandirá para outras identificações: pai, professores, amigos, membros da família, enfim, outras pessoas.

9. Partida: um novo começo

> *o seio bom é tomado para dentro e torna-se*
> *parte do ego, e o bebê, que antes estava*
> *dentro da mãe, tem agora a mãe dentro de si.*
>
> Klein, 1957/1996, p. 10

John me telefona e comunica que arrumou trabalho. Pela sua voz, percebo que, apesar de estar feliz, parece confuso. Ele pede um horário, pois precisa conversar comigo urgente. Recebo John. Ele conta a novidade mais esperada da sua vida: a contratação para um trabalho. Ele acreditava que, pela primeira vez, daria certo.

Num primeiro momento, diz que, para isso acontecer, eu precisaria atendê-lo aos sábados, pois, durante a semana, teria de sair do emprego e ir diretamente para a faculdade. Tentamos fazer alguns arranjos com o tempo e o espaço. Ao final, chegamos à conclusão de que não seria viável: nem para mim, nem para ele. Eu não tinha disponibilidade de atendê-lo aos sábados. Ele não teria condições de deslocar-se para a análise e ainda realizar as outras atividades: estudo e trabalho.

120 PARTIDA: UM NOVO COMEÇO

O paciente narra a situação para mim, tentando se convencer. Ora faz um movimento, ora hesita... Sinto um vaivém mental, que aparece na sua narrativa. É a expressão do medo e do desejo: aquela sensação típica experimentada por alguns ao brincar numa grande montanha-russa.

John apresentava dúvidas quanto a estar preparado para sua nova empreitada e, como uma criança que pega na mão da mãe, olha-me e diz: "Dra., eu estive aqui todo esse tempo foi para isto, certo?".

A pergunta de John indicava que ele desejava minha confirmação de que aceitar o trabalho seria sua possibilidade de "andar com as próprias pernas". A sua grande ambição estava relacionada à possibilidade de vir um dia a se sustentar financeiramente.

Ele havia conversado com a mãe em casa antes de vir à sessão. Embora viesse falar comigo sobre a possibilidade de atendê-lo aos sábados, já sabia que essa poderia não ser uma opção para mim. Não havendo essa opção, já imaginava o término da análise comigo e a necessidade de dar continuidade a ela com algum profissional que tivesse um consultório mais próximo do futuro trabalho.

John chegou a pensar em conversar com seu futuro chefe e solicitar a ele se poderia sair um pouco mais cedo. Por outro lado, o seu desejo era de não levar para sua nova vida – assim se referia a essa inserção no trabalho – as marcas da vida anterior (psiquiatras, medicamentos, loucura). Ele só queria começar do mesmo modo como os jovens em geral iniciam um novo trabalho: sem se apresentar adoecido. Queria uma nova identidade para si; não suportava mais ser o jovem problemático.

Eu entendia o desejo de John. Embora ocultasse algo de si, era uma forma de se experimentar de outro jeito.

John narra seus medos e os da sua mãe. Medo de o trabalho não dar certo; medo de ficar sem a análise; medo de estar num ambiente com pessoas diferentes; de lidar com críticas, cobranças, orientações; medo de não realizar o que esperam dele. Para John, aquela era uma grande prova, uma vez que já era evidente que o trabalho era o seu ponto sensível. Ele pôde ir construindo com suas associações que, na sua vida, o trabalho tinha dois significados: doença e cura.

Conforme Lacan (1955/1985), há alguns momentos na vida que são desencadeantes potenciais para a irrupção de uma psicose, por exemplo, o nascimento de um filho, a adolescência, o casamento, a perda dos pais ou de uma posição social, separações, um trabalho. Enfim, os famosos "ritos de passagens". Todas essas situações têm um ponto em comum. Elas convocam o indivíduo a assumir uma nova posição simbólica. É um momento de enfrentar o mundo.

Fizemos um panorama geral das dificuldades que pareciam assustá-lo num ambiente de trabalho. Pude mostrar manejos que ele havia desenvolvido durante o ano em que esteve no estágio. John sentia-se numa encruzilhada e precisava decidir qual caminho pegar: ou dizer não ao trabalho e se contaminar pelo medo da mãe, ou dizer sim e tentar seguir sua trajetória, arcando com todas as responsabilidades e o peso que ela pudesse ter.

John contava com meu apoio, pois não acreditava que pudesse ir em frente sem que eu tranquilizasse sua mãe.

A mãe de John veio até o meu consultório para tentar me mostrar, por meio de vários exemplos, a razão pela qual John não estava preparado para abandonar a análise. Fala da dificuldade que ela encontrou em ele se adaptar a outros profissionais; fala que agora ele estava conseguindo estudar e talvez ele não conseguisse realizar duas atividades simultaneamente; fala que o trabalho exigiria que ele se relacionasse com pessoas, situação essa que ela ainda não o vira com condições de realizar. Comenta também que no período em que ele esteve em análise comigo, ela pôde experimentar um certo descanso, já que me percebia realmente preocupada e querendo o melhor para ele. Ela também relembra que as crises anteriores de John estavam relacionadas com a inserção dele em algum trabalho. Tentar novamente e não conseguir realizar o trabalho talvez fosse mais traumatizante do que ter que esperar um pouco mais... Enfim, ela via o filho ainda muito imaturo para tudo, inclusive para cuidar das suas coisas. E diz ainda que não poderia convencê-lo de que essa era a melhor opção sem a minha ajuda.

John queria a minha ajuda para ir, e sua mãe pedia a minha ajuda para ele ficar. Agora era eu que estava numa encruzilhada.

Considero válidas todas as observações realizadas pela mãe, no entanto, digo que não havia nenhum sentino em parar o processo de desenvolvimento de John, principalmente porque me parecia que, naquele momento, o medo não era dele. Ele sabia de todos os riscos, mas estava apostando em si mesmo e em tudo que pôde conhecer de si no seu processo de análise. Desde o estágio, trabalhar vinha sendo uma oportunidade de John viver novas experiências. Tentei dizer à mãe que, ainda que fossem reais todas as possibilidades, elas não eram as únicas. Ele também poderia superar as dificuldades e se sustentar num trabalho, visto que esse era um outro momento da sua vida. Já se encontrava num processo estável tanto na análise como nos medicamentos. Sinalizo que todo esse processo havia se realizado com o objetivo também de John adquirir mais confiança na sua capacidade de lidar com suas emoções.

Ainda que eu transmitisse todas as minhas compreensões em relação ao processo de John, a mãe falava com bastante convicção que tudo aquilo não passava de uma grande ilusão que eu e o John estávamos vivendo. Ela insistia em que mantivéssemos tudo como estava: o horário de John ficaria reservado para ele, ela continuaria me pagando, pois se não desse certo o novo trabalho – e ela tinha certeza de que não daria –, então tudo estaria no mesmo lugar.

Sugeri a ela que, naquele momento, talvez ela pudesse buscar uma análise para lidar com suas preocupações, continuando com o apoio de alguém, pois havia experimentado conforto com o processo de análise de John e me parecia que temia perder isso. Senti que, nesse último encontro, produzi mais frustrações do que conforto, fato que pode ter contribuído para a alteração da transferência positiva para a negativa. Talvez aquela experiência também tenha sido nova para mim, que até então estava numa relação confortável com os pais.

Depois da longa conversa com a mãe, sou tomada por algumas dúvidas.

Começo a pensar se eu não deveria avaliar as considerações e convidar John a repensar se ele não poderia aguardar mais um tempo, já que sua mãe queria vê-lo se dedicando somente aos estudos. A mãe de John tinha uma sensibilidade e uma observação aguçada e experimentara em seu cotidiano, desde a tenra infância de John, a dificuldade de ele realizar múltiplas tarefas ao mesmo tempo. Questionar-se sobre qual era o melhor tempo para o filho poderia não ser apenas uma tentativa de mantê-lo preso num laço simbiótico com ela: havia uma verdade na sua observação.

Fico a me perguntar quem está preso à loucura de quem. Estaria eu preso à ilusão de que ele já tinha recursos e que já poderia seguir seus desejos? Ou será que, pela relação que havia estabelecido com John, não cabia imaginar que talvez o seu desejo de ir trabalhar pudesse ser uma fuga da análise?

Nos encontros com John, após as tempestades emocionais, sempre me sentia mais viva e fortalecida na minha vida profissional. Apesar de não ter tanta clareza disso naquele momento, eu já era grata por aqueles encontros. Considerei que talvez a simpatia para com o sofrimento do meu paciente havia me conduzido para as armadilhas de uma contratransferência positiva, alguns "pontos cegos". E talvez eu não estivesse captando algo naquele momento.

124 PARTIDA: UM NOVO COMEÇO

Lembrava-me desta afirmação:

> *A dureza da tarefa do analista consiste em ter que trabalhar inclusive quando trabalha mal, o que é necessário por vários motivos, e também útil, porque o fato de trabalhar mal, com frequência tem um sentido profundamente vinculado à situação analítica em curso e, portanto, é um oportuno objeto de investigação, ou até mesmo um estágio inevitável no processo analítico. (Bolognini, 2008, p. 92)*

Estaria eu "trabalhando mal" com esse paciente? Conforme Bolognini (2008, p. 93), "trabalhar mal" significa não estar em contato consigo mesmo, e menos ainda com o paciente, ou, na sessão, não estar funcionando em nível suficientemente integrado a ponto de permitir que o próprio ego de trabalho entre em contato com o *self*, reconheça e venha elaborar suas vivências dentro do processo.

Cogitei ainda que talvez toda minha angústia pudesse ser pensada como uma forma de identificação projetiva, na qual eu participava da experiência da mãe do paciente e de todos os seus anseios relacionados à vivência de separação. Ainda que conscientemente a mãe de John desejasse que ele se desenvolvesse, havia uma grande dificuldade de tratá-lo como um adulto.

Havia momentos em que, irritada com o não crescimento de John, exigia-lhe muito, como havia outros em que não lhe exigia nada. Desistia.

A situação que inicialmente para mim era óbvia passa a não ser. O paciente quer ir embora, e eu, como analista, não deveria persuadi-lo a ficar. Embora como analista tenhamos o ofício de lidar com as resistências dos nossos pacientes, também sabemos da importância de respeitar o ir e vir. Assim como Etchegoyen (2004), eu também considerava que "a análise como processo de desenvolvimento não termina, o que termina é a relação com o analista" (p. 357).

Seria melhor para John eu dizer-lhe que deveria esperar mais um pouco, que psiquicamente não estava preparado e que continuar na análise seria a melhor escolha daquele momento? Com mil ideias na minha cabeça, sou tomada por uma grande preocupação com John. Tinha quase a vontade de que ele não fosse embora. Era um paciente com quem, conforme a minha amiga presumira, eu gostava de trabalhar.

Termino os atendimentos do dia e sigo para minha casa. Os argumentos da mãe de John permanecem comigo, por mais tempo do que eu desejaria.

Durmo...

Sonho...

Acordo...

E a angústia que me invadia antes de adormecer não estava mais presente. Lembro-me de alguns encontros com John nos quais muitas vezes sorrimos juntos por alguma situação. Eu diria que eram sorrisos provocados por alguma descoberta ou compreensão, a mesma sensação que sentimos após compreendermos uma piada.

Sonhei que John chegava ao meu consultório e eu o comunicava que a sua análise ia ser realizada fora do consultório. Iríamos caminhar... John se mostrava preocupado, pois, diferentemente dele, que estava com tênis e preparado para caminhada, eu não estava. Eu estava descalça e talvez pudesse me machucar.

Havia uma certa confusão em mim por não compreender por que eu não havia me preparado. Ainda assim, não cogitava desistir de caminhar, e a minha recordação vai até o momento que, em andando com John, retiro as pedrinhas grudadas no meu pé que me incomodavam.

126 PARTIDA: UM NOVO COMEÇO

Não vou me deter aqui no conteúdo do sonho, que poderia indicar várias situações referidas ao meu mundo interno. O que chamou minha atenção foi a estabilidade que recuperei, que pode ter sido reestabelecida simplesmente pelo fato de eu dormir. Percebi então quanto eu havia estado capturada por aquela situação. A ansiedade psicótica que circulava tinha várias ramificações que talvez eu nunca possa compreender.

Mas eu havia acordado confiante e cheia de esperança. Acreditava que não importava o resultado da situação do trabalho, o ganho para John já havia ocorrido por ele fazer aquelas escolhas. É interessante pensar como Bion compreende o trabalho de sonho.

> *O centro do sonho não é o conteúdo manifesto, mas a experiência emocional; os dados sensíveis desta experiência emocional são trabalhados pela função α, de modo a serem transformados em material utilizável em pensamentos inconscientes em estado de vigília, pensamentos-sonho. (Bion, 1992, p. 233 citado por Monteiro, 2017, p. 169)*

Talvez eu devesse considerar que meu sonho fosse um movimento de levar ao meu inconsciente elementos conscientes para recapturar um novo equilíbrio.

Havia um ato de fé que talvez ficasse difícil para a compreensão da mãe, pois, ainda que houvesse um grande desejo de que John melhorasse, também sabemos das ciladas que o próprio inconsciente coloca num laço simbiótico, como era a relação dos dois.

No fim do seu processo de análise, o paciente parecia reconhecer que havia uma diferença entre ser louco e enlouquecer; reconhecia que havia ali aspectos seus a serem elaborados. John aos poucos pôde não só aceitar em si seu lado louco, como reconhecer sua função, assim como admitir que talvez não pudesse eliminar isso de si, já que também era parte dele. Conheceu um pouco o seu ambiente interno e externo e já sabia o quanto era afetado por ele.

Brincava dizendo que tinha conseguido andar, mas que talvez precisasse de análise pelo resto da sua vida. Essa conclusão de John me fazia pensar que ele pudera realmente compreender a sua fragilidade e saber que, ainda que tivesse começado a construir algo ali comigo, ainda teria muito a percorrer.

Para Klein, uma análise deve terminar quando as angústias do primeiro ano de vida, tanto as angústias paranoides quanto as depressivas, tiverem sido elaboradas. Esse ainda não era o momento de John, mas ele já carrega consigo memórias de trocas verdadeiras: havia adquirido compreensão de que precisava de análise.

Conheceu um pouco mais a dinâmica afetiva dos pais e já sabia que ele não tinha potência para resolver a demanda deles. John também já sabia que não dormir era algo para se preocupar. Passou então a ficar mais atento às necessidades do seu corpo. É claro que não era em todas as situações que conseguia se manter firme, porém já sabia que, mesmo que parcialmente, vinha adquirindo um reconhecimento fisiológico e de seus pensamentos. No seu processo de análise, pude observar várias situações que considerei *insights* progressivos sobre sua realidade psíquica, viabilizando um contato melhor com as pessoas, ou seja, com o mundo externo.

Klein considerava que as experiências agradáveis que o bebê sente junto à mãe servem como prova de que o objeto de amor *interno* e *externo* não está ferido, nem se transformou numa pessoa vingativa. As experiências felizes ajudam a vencer não só o sentimento de perda, mas também permite que o bebê teste sua realidade interna por meio da realidade externa (Klein, 1940/1996). John parecia saber que experimentava uma realidade interna um pouco diferente e estava confiante em testá-la numa nova experiência de trabalho.

Quanto mais vinculado, mais será possível uma separação. Quanto mais bons encontros tivermos internalizados, tanto mais poderemos confiar e ir em busca de outros.

Embora houvesse ainda muito a fazer na sua análise, naquele momento eu sentia que o que ele mais queria era voar... Eu entendia John. Talvez, para ele, fosse mais fácil se desprender dos vínculos que, mesmo com dor, pudessem suportar essa separação.

10. Desenlace: a porta se fecha

Há uma estreita relação entre a satisfação e o
sentimento de compreender e ser compreendido.

Klein, 1963/1996, p. 351

Chegando ao final do percurso, tendo em vista os aspectos apresentados, retomo o objetivo desta escrita: elucidar, por meio de fatos clínicos, que elementos do campo analítico poderiam evidenciar a presença de um objeto bom e suas possíveis ressonâncias na organização psíquica do analisando.

Se quisermos compreender um bebê, diz Klein (1952), precisaremos ter uma plena empatia com ele, a partir do contato íntimo entre o nosso inconsciente e o dele. Analogamente, é nesse contato íntimo entre inconscientes (o nosso e os dos nossos pacientes) que a presença de um objeto bom no campo analítico pode ser evidenciada.

O analista terá que escutar, com seu inconsciente, não só os gritos de angústia do analisando, mas, acima de tudo, terá que escutar o seu pedido de amor, que vem muitas vezes com muita violência.

130 DESENLACE: A PORTA SE FECHA

A evidência da presença de um objeto bom pôde ser inferida pelos seguintes fatos clínicos:

- o fato de eu sentir a identificação projetiva e por meio da *rêverie* desenvolver uma percepção consciente do que se passava na sala de análise permitiu-me compreender a comunicação de John, o que contribuiu para a construção de um vínculo de confiança entre nós;

- o fato de o *setting* ter funcionado provisoriamente como uma barreira de contato para que ideias terroríficas não o invadissem desencadeou uma relação menos ansiosa com a realidade externa;

- o fato de o paciente fazer um elo significativo entre a ausência do *setting* e o retorno das vozes possibilitou-lhe a distinção elementos de seu mundo interno e da realidade externa;

- a presença dos pais de John no *setting* não só permitiu-lhe revisitar a história traumática da família, atribuindo-lhe novos significados, como também, por meio da contratransferência, eu pude saber mais do analisando, fazer inferências a respeito das dificuldades vividas na sua mais tenra infância.

Durante a análise, o paciente teve um declínio gradual das suas angústias, tendo podido retomar algumas atividades: estudar e fazer estágio, por exemplo. Apesar das dificuldades, houve um progresso genuíno na sua análise. A alteração nas suas relações objetais pôde ser evidenciada em várias situações: a forma como se relacionava consigo mesmo; a presença do pai não só no seu discurso, mas também na narração de experiências da sua vida as quais envolviam a presença do pai; o aumento do interesse por professores e colegas e pelo mundo dos jovens da sua idade. As ansiedades depressivas aumentaram em frequência e duração.

Um senso de humor – a capacidade de rir das próprias "loucuras" – foi surgindo na relação comigo. Outro aspecto importante, foi a expressão da agressividade e da culpa. Ele pôde sair do lugar do menino bonzinho e expressar seu desconforto com a mãe, com a família, com a igreja e com a análise também. Duvidava de que ela pudesse levá-lo a algum lugar, uma vez que a incidência de ansiedades depressivas lhe dava a impressão de estar piorando e não melhorando. No entanto, apesar de queixar-se pelo desconforto que vinha vivendo, aos poucos pôde se sentir mais conectado com suas experiências e mais confiante.

A mãe estava certa no que diz respeito à necessidade de John continuar a análise; ele também sabia disso. O conhecimento dele sobre si mesmo ao reconhecer não só sua parte infantil que precisava crescer (assumindo que ainda precisaria de muita ajuda) mas também a parte adulta que ali se apresentava (sendo grato e confiante pelo que pôde construir na sua análise até aquele momento), configurou-se para mim mais uma evidência de uma significativa mudança psíquica dele.

Ir embora sem ter de fugir, como fez com outros profissionais. E, além disso, convidar-me a encorajá-lo na sua decisão fez-me pensar que a sua maneira de terminar seu processo expressava mudanças no manejo das suas ansiedades. As ações de John indicaram que ele pôde ir embora sem dívida e sem culpa, simplesmente pelo fato de não só suas palavras e os seus olhos expressarem isso, mas também e principalmente porque eu pude sentir a sua gratidão.

Na época eu não tive a mesma clareza que tenho agora e de alguma forma precisei não só revisitar as anotações que fizera durante o processo do analisando, mas também visitá-lo dentro de mim para chegar à conclusão de que ele experimentara sua análise como um novo alimento.

Acreditar que era estimado por mim – e isso é inegável, pois a evidência dessa estima se expressa aqui na elaboração deste trabalho – pode ter contribuído para diminuição de sua necessidade, no início da análise, de ser tão especial e poderoso.

132 DESENLACE: A PORTA SE FECHA

Embora tenha apresentado essas conclusões, não poderia deixar de mencionar que, por mais que tenham sido identificadas mudanças psíquicas, o fato de o paciente não estar mais em análise impossibilita-me de saber quão sustentáveis elas foram.

É claro que o tempo em que John esteve em análise, vindo predominantemente três vezes por semana – sendo este fato importante na elaboração desse processo –, permitiu-nos um trabalho que considero profundo. A vida pode proporcionar vários desafios que colocam a estabilidade à prova. Então, não posso dimensionar o quanto a estabilidade emocional tornou-se predominante e nem se o paciente pôde continuar o seu processo analítico buscando consolidar as experiências que foram iniciadas. O paciente já não mora no Brasil, essa foi a última informação que obtive.

Sabemos que para o crescimento de um bebê são necessárias várias mamadas.

Então, o que seria uma boa amamentação oferecida pela mãe analista no *setting* para pacientes que apresentam a mesma sintomatologia de John?

Apesar de não haver regras que possam ser estabelecidas previamente para realização do trabalho com pacientes que apresentam a mesma modalidade de sofrimento que John apresentou, posso mencionar alguns cuidados, considerando a minha experiência.

Um desses cuidados é não entrar no lugar daquele que quer transformar o paciente, ditando o que é melhor para ele. Piera Aulagnier (1993) falou da violência que é tentar fazer o outro compartilhar de verdade que não é a dele. Se eu tivesse dito a John que a análise era mais importante do que a escolha que ele fez pelo trabalho, eu estaria inserindo uma verdade que não era a sua.

É importante que o analista avalie o seu momento emocional, levando em conta a quantidade de pacientes com a mesma modalidade de sofrimento que pode atender no mesmo período, pois esses pacientes demandam uma disponibilidade real. Podemos acreditar que eles são especialistas em escutar inconscientemente e, por isso, se prestarmos bem atenção no que eles nos dizem sobre nós, poderemos compreender a verdade que aparece nesses encontros.

Durante o tempo de escrita, pude perceber que uma pergunta sempre sondava a minha mente. Haveria em mim uma forte preocupação em assumir um lugar de objeto bom para John?

Posso agora, depois de escrever reunindo fragmentos do caso que estavam dispersos dentro de mim, responder a essa pergunta.

Sim.

Lembro-me da imagem que me ocorreu no início do atendimento perante as impressões que tive das falas tanto da minha amiga, ao me encaminhar o caso, como da mãe, quando diz que John, a partir daquele momento, estaria por minha conta: uma criança deixada na porta de alguém.

Por alguma razão, quem entrega o bebê carrega em si a esperança de que a pessoa que abrir a porta irá cuidar dela e amá-la mais do que ela mesma. Compreendo que tanto a minha amiga, ao intuir que eu iria gostar de atender o caso, assim como a mãe de John que veio ávida para entregá-lo, sonharam que John seria amado por mim.

Amei John. Penso que essa experiência ressoou na mãe e, em razão disso, não queria que ele fosse embora, o que denota também o amor pelo filho.

Contudo, ainda que eu tenha estabelecido uma contratransferência predominantemente positiva, examinando o caso, compreendo que não me distanciei da técnica psicanalítica, pois aspectos da transferência negativa apareceram bastante e também puderam ser revelados e trabalhados. Talvez John precisasse sair da análise com o meu olhar confiante, e somente numa próxima análise pudesse trabalhar de forma mais consolidada a transferência negativa com outro analista, ou até comigo num outro momento de vida. Alvarez (2015) fala que devemos considerar o prazer como uma experiência básica da vida, e, em alguns casos que atendemos, seria preciso ajudar o paciente a transformar não uma experiência má numa boa, mas sim uma experiência comum em boa. Nas palavras da autora:

> *Alguns de nossos pacientes funcionam nesse estágio anterior, no qual a sua preconcepção (digamos, de um objeto bom, ou de um self possível de ser amado) ainda não experimentou um grau suficiente de realização. Portanto, temos que trabalhar nesse nível, o que não implica necessariamente incentivar idealizações falsas, sentimentalismo exagerado ou seduções coniventes. Isso exige ser corajoso para sustentar a transferência e a contratransferência positiva quando elas surgem. (p. 497)*

Temos que ser corajosos para amar nossos pacientes e assumir a saudade quando eles se vão.

Quem sabe um dia, quando eu estiver naquela idade em que se começa a olhar para trás e a divagar, eu envie a carta para John, assim como fez Winnicott (1972/2010) com seu paciente.

> *você deve estar surpreso por receber minha carta: na verdade você pode ter me esquecido. Mas o fato é que gostaria muito de saber de você, seu trabalho, sua família. Estou naquela idade em que se começa a olhar para trás e a divagar. Envio meus melhores votos. (p. 16)*

11. Uma carta para John

Caro John,

Pensar em você foi a forma que encontrei para esquecê-lo. Um grito de dor ecoa de forma profunda em quem consegue escutá-lo num espaço de intimidade. A sua dor chegou até a mim, e torço para que eu tenha conseguido comunicar o quanto pude escutá-la.

É comum ter o desejo de dizer muito em poucas palavras, mas não é simples selecionar o que expressar. A porta do meu consultório se abriu e se fechou inúmeras vezes marcando sua chegada e sua saída. Por repetidas vezes isso aconteceu ao longo de dias, de anos, produzindo uma marca afetiva e efetiva. Em quem? Em mim? Em você?

Repetidas experiências deixam marcas indeléveis; estas deixaram o suficiente para internalizá-lo como um objeto bom. Afinal, são os resquícios que ficam e me fazem escrever de modo quase urgente. Eles me fazem também desejar fechar os olhos; evocar da minha memória a imagem do seu rosto e, por um instante, ter o superpoder de me transportar – como num efeito do *zoom* de uma câmera fotográfica, rompendo com o tempo e o espaço –, levando-me até a sua vida. Lá, eu só o observaria de longe, sem invadi-lo com minha presença, curiosidade ou ainda saudade. Apenas olharia para saber se você anda bem.

Para saber se continua com os mesmos sonhos; se alguns se realizaram ou se transformaram. Para saber se as impressões construídas por mim durante a sua análise poderiam ser confirmadas ou não pela condução da sua vida. No entanto, diante desses sobressaltos de vontade, todas as vezes em que pensei deixar esse desejo fluir, minha barreira interna parecia assegurar-me de que ele não a ultrapassasse.

Lembrava-me do seu desconforto ao ter a sensação de que seria invadido, sem ao menos poder se defender.

Lembrava-me das suas narrativas expressando seu incômodo pois a porta do seu quarto poderia ser inesperadamente aberta, quando, na verdade, queria-a fechada e não se autorizava fechá-la.

Lembrava-me também da sua agonia ao ser invadido por vozes de forma inesperada.

Lembrava-me dos seus primeiros tempos de análise e dos meus primeiros tempos como analista.

As pessoas carregam seres amados em seus corações e continuam um diálogo interno com eles. Eu, de alguma forma, continuei o meu diálogo interno com você, mas não estranhe se perceber que o John do qual eu falo aqui não tem nada a ver com o que você reconhece. É assim. Não temos controle da imagem mental e emocional que o outro possa construir de nós mesmos. Então, se você não se sente você por meio do meu olhar, não se preocupe. Não o é.

Os bons encontros tornam-se bons objetos em nós à medida que possamos elaborar as frustrações, as separações, as perdas e consolidemos dentro de nós a gratidão advinda por essas experiências. Consequentemente, aquilo que foi perdido torna-se a presença daquilo que é bom em nós: da nossa capacidade de amar. Desse modo, John, reafirmo essa experiência com você, dentro de mim.

Falo com você, mas na sua imagem condenso todos os analisandos que também partiram e cujas presenças, como a sua, continuam vivas dentro de mim. Por seu intermédio agradeço a todos que, como você, me permitiram amá-los internalizando-os como bons objetos: consolidando a cada dia minha confiança em encontros, no meu trabalho e no método psicanalítico.

Confiança, coragem e esperança são heranças de encontros verdadeiros. E é a herança desse encontro que me leva, por meio desta escrita, até você, John.

Percurso de Leitura

Alvarez, A. (2015). A psicanálise com crianças autistas e crianças maltratadas. In M. Selaibe & A. Carvalho (Org.), *Psicanálise entrevista* (pp. 495-503). Estação Liberdade.

Aulagnier, P. (1993). *La violencia de la interpretación: del pictograma al enunciado*. Amorrortu.

Baranger, W. (1981). *Posição e objeto na obra de Melanie Klein*. Artes Médicas.

Barros, E. M. R., & Barros, E. L. R. (1989). Introdução. In E. M. R. Barros (Org.), *Melanie Klein: evoluções* (pp. 9-42). Escuta.

Berlinck, M. T., & Margtaz, A. C. (2012). O caso clínico como fundamento da pesquisa em psicopatologia fundamental. *Revista Latino Americana de Psicopatogia Fundamental, 15*(1).

Bion, W. R. (1991). *O aprender com a experiência*. Imago. (Trabalho original publicado em 1962)

Bion, W. R. (1992). *Cogitations*. Karnac Books.

140 PERCURSO DE LEITURA

Bion, W. R. (1994). Ataques ao elo de ligação. In W. R. Bion, *Estudos psicanalíticos revisados* (Second thoughts; 3ª ed. rev.). Imago. (Trabalho original publicado em 1959)

Bollas, C. (2013). *Catch them before they fall: the psychoanalysis of breakdown*. Routledge.

Bollas, C. (2015). *A sombra do objeto*. Escuta.

Bolognini, S. (2008). O setting interno do analista: análise com o ego e análise com o self. In S. Bolognini, *A empatia psicanalítica*. Cia Freud.

Britton, R. (2003a). Ansiedade de publicação. In R. Britton, *Crença e imaginação: explorações em psicanálise* (L. P. Chaves, Trad., pp. 273-292). Instituto de Psicanálise de Londres/Imago.

Britton, R. (2003b). Antes e depois da posição depressiva. In R. Britton, *Crença e imaginação: explorações em psicanálise* (L. P. Chaves, Trad., pp. 107-124). Instituto de Psicanálise de Londres/Imago.

Britton, R. (2003c). O Édipo na posição depressiva. In R. Britton, *Crença e imaginação: explorações em psicanálise* (L. P. Chaves, Trad., pp. 53-68). Instituto de Psicanálise de Londres/Imago.

Caper, R. (2002a). Objetos internos. In R. Caper, *Tendo mente própria: uma visão kleiniana do self e do objeto* (Haroldo Pedreira e outros, Trad., pp. 147-162). Editora Geral Instituto de Psicanálise de Londres/Imago. (Nova Biblioteca de Psicanálise, Vol. 21).

Caper, R. (2002b). Uma teoria do continente. In R. Caper, *Tendo mente própria: uma visão kleiniana do self e do objeto*. (Haroldo Pedreira e outros, Trad., pp. 203-223). Editora Geral Instituto de Psicanálise de Londres/Imago. (Nova Biblioteca de Psicanálise, Vol. 21).

Caper, R. (2002c). Brincar, criatividade e experimentação. In R. Caper, *Tendo mente própria: uma visão kleiniana do self e do*

MARIA PATRÍCIA MENDES RIBEIRO 141

objeto. (Haroldo Pedreira e outros, Trad., p. 214). Editora Geral Instituto de Psicanálise de Londres/Imago. (Nova Biblioteca de Psicanálise, Vol. 21).

Chesterton, G. K. (2013). *Ortodoxia*. (I. G. S. Martins Filho, Trad.). Ecclesiae. (Trabalho original publicado em 1908)

Cintra, E. M. U & Figueiredo, L. C. (2010). *Melanie Klein: estilo e pensamento*. Escuta.

Cintra, E. M. U, Tamburrino, G, & Ribeiro M. F. R. (2017). *Para além da contratransferência: o analista implicado*. Zagodoni.

Cintra, E. M. U & Ribeiro M. F. R. (2017). *Por que Klein?* Zagodoni.

Drummond, C. A. (1985). *Contos Plausíveis*, Ed. José Olympio e Ed. JB.

Etchegoyen, R. H. (2004). *Fundamentos da técnica psicanalítica*. Artes Médicas.

Figueiredo, L. C. (2009). *As diversas faces do cuidar: novos ensaios de Psicanálise Contemporânea*. Escuta.

Freud, S. (1996). Fragmento da análise de um caso de histeria. In S. Freud, *Edição standard das obras psicológicas completas Sigmund Freud* (Vol. VII, pp. 13-166). Imago. (Trabalho original publicado em 1905)

Freud, S. (1996). Recordar, repetir e elaborar: novas recomendações sobre a técnica da Psicanálise II. In S. Freud, *Edição standard das obras psicológicas completas Sigmund Freud* (Vol. XII, pp. 161-171). Imago. (Trabalho original publicado em 1914)

Freud, S. (1996). A dissecação da personalidade psíquica. In S. Freud, *Edição standard das obras psicológicas completas Sigmund Freud* (vol. XXII, pp. 63-84). Imago. (Trabalho original publicado em 1933[1932])

Freud, S. (2006). Recomendações aos jovens médicos que exercem a psicanálise. In S. Freud, *Edição standard das obras psicológicas completas Sigmund Freud* (Vol. XII, pp. 123-133). Imago. (Trabalho original publicado em 1912)

Gabbard, G.(2000). Desguise or consent: problems and recommendations concerning the publication and presentation of clinical material. The International Jounal of Psychoanalysis, 81, 1071-1086.

Grotstein, J. S. (2010). Transidentificação projetiva: uma extensão do conceito de identificação projetiva. In S. Grotstein, *Um facho de intensa escuridão: o legado de Wilfred Bion à Psicanálise* (pp. 175-195). Artes Médicas. (Trabalho original publicado em 2007)

Guignard, F. (2002). *Cartas ao objeto*. Imago.

Guimarães Rosa, J. (2019). *Grande sertão: veredas* (22ª ed.). Companhia das Letras.

Hinshelwood, R. D. (1992). *Dicionário do pensamento kleiniano*. Artes Médicas.

Isaacs, S. (1998). Comunicação de Susan Isaacs sobre "Natureza e função da fantasia". In P. King, & R. Steiner. *As controvérsias Freud-Klein 1941-45* (pp. 275-327). Imago. (Trabalho original publicado em 1952)

Joseph, B. (1992). Mudança psíquica e processo psicanalítico. In B. Joseph, *Equilíbrio e mudança psíquica: artigos de Betty Joseph*. Imago.

Klein, M. (1996). Personificação no brincar das crianças. In M. Klein, *Amor, culpa e reparação e outros trabalhos* (A. Cardoso, Trad., pp. 228-239). Imago. (Trabalho original publicado em 1929)

Klein, M. (1996). Uma contribuição à teoria da inibição intelectual. In M. Klein, *Amor, culpa e reparação e outros trabalhos* (A. Cardoso, Trad., pp. 269-282). Imago. (Trabalho original publicado em 1931)

Klein, M. (1996). O desenvolvimento inicial da consciência na criança. In M. Klein, *Amor, culpa e reparação e outros trabalhos* (A. Cardoso, Trad., pp. 283-296). Imago. (Trabalho original publicado em 1933)

Klein, M. (1996). Uma contribuição à psicogênese dos estados maníaco-depressivos. In M. Klein, *Amor, culpa e reparação e outros trabalhos* (A. Cardoso, Trad., pp. 301-329). Imago. (Trabalho original publicado em 1935)

Klein, M. (1996). Amor, culpa e reparação. In M. Klein, *Amor, culpa e reparação e outros trabalhos* (A. Cardoso, Trad., pp. 346-386). Imago. (Trabalho original publicado em 1937)

Klein, M. (1996). O luto e sua relação com os estados maníaco-depressivos. In M. Klein, *Amor, culpa e reparação e outros trabalhos* (A. Cardoso, Trad., pp. 385-412). Imago. (Trabalho original publicado em 1940)

Klein, M. (1996). Notas sobre alguns mecanismos esquizoides. In M. Klein, *Inveja e gratidão e outros trabalhos (1946-1963)* (L. P. Chaves, Trad., pp. 17-43). Imago. (Trabalho original publicado em 1946)

Klein, M. (1996). Sobre a teoria da ansiedade e da culpa. In M. Klein, *Inveja e gratidão e outros trabalhos (1946-1963).* (L. P. Chaves, Trad., pp. 44-63). Imago. (Trabalho original publicado em 1948)

Klein, M. (1996a). As origens da transferência. In M. Klein, *Inveja e gratidão e outros trabalhos (1946-1963)* (L. P. Chaves, Trad., pp. 70-79). Imago. (Trabalho original publicado em 1952)

Klein, M. (1996b). Algumas conclusões teóricas relativas à vida emocional do bebê. In M. Klein, *Inveja e gratidão e outros trabalhos (1946-1963)* (L. P. Chaves, Trad., pp. 85-118). Imago. (Trabalho original publicado em 1952)

Klein, M. (1996). Sobre a identificação. In M. Klein, *Inveja e gratidão e outros trabalhos (1946-1963)* (L. P. Chaves, Trad., pp. 169-204). Imago. (Trabalho original publicado em 1955)

Klein, M. (1996). Inveja e gratidão. In M. Klein, *Inveja e gratidão e outros trabalhos (1946-1963)*. (L. P. Chaves, Trad., pp. 205-267). Imago. (Trabalho original publicado em 1957)

Klein, M. (1996). Sobre o desenvolvimento do funcionamento mental. In M. Klein, *Inveja e gratidão e outros trabalhos (1946-1963)* (L. P. Chaves, Trad., pp. 268-279). Imago. (Trabalho original publicado em 1958)

Klein, M. (1996). Sobre a saúde mental. In M. Klein, *Inveja e gratidão e outros trabalhos (1946-1963)* (L. P. Chaves, Trad., pp. 305-312). Imago. (Trabalho original publicado em 1960)

Klein, M. (1996). Sobre o sentimento de solidão. In M. Klein, *Inveja e gratidão e outros trabalhos (1946-1963)* (L. P. Chaves, Trad., pp. 340-354). Imago. (Trabalho original publicado em 1963)

Lacan, J. (1985). *O seminário, livro 3: as psicoses*. Jorge Zahar. (Trabalho original publicado em 1955)

Laplanche, J., & Pontalis, J.-B. (2001). *Vocabulário da psicanálise*. Martins Fontes.

Malcolm, R. R. (1989). Melanie Klein: progressos e problemas. Reflexões sobre a concepção de relação objetal em Klein. In E. M. R. Barros (Org.), *Melanie Klein: evoluções* (pp. 55-74). Escuta.

Malcolm, R. R. (2004). *Suportando estados mentais insuportáveis*. Rio de Janeiro: Imago, 2004.

McDougall, J. (2015). *Teatros do eu: ilusão e verdade na cena psicanalítica*. Zagodoni.

Meltzer, D. (1971). *O processo analítico*. (W. I. de Oliveira, Trad.). Imago.

MARIA PATRÍCIA MENDES RIBEIRO 145

Mezan, R. (1998). *Escrever a clínica*. Casa do Psicólogo.

Monteiro, N. A. S. (2017). *W. R. Bion e o conceito de barreira de contacto* [Tese de doutorado, Universidade de Évora].

Moore, J. (1994). Intimidade e ciência: a publicação dos fatos clínicos na psicanálise. *Rev. Bras. Psicanal, 28*(4).

Nasar, S. (2002). *Uma mente brilhante* (5ª ed.; S. M. Rego, Trad.). Record.

Ogden, T. H. (1996a). O terceiro analítico: trabalhando com fatos clínicos intersubjetivos. In T. H. Ogden, *Os sujeitos da psicanálise*. Casa do Psicólogo.

Ogden, T. H. (1996b). Para a contribuição intersubjetiva do sujeito: a contribuição kleiniana. In T. H. Ogden, *Os sujeitos da psicanálise*. Casa do Psicólogo.

Ogden, T. H. (2010). *Esta arte da psicanálise: sonhando sonhos não sonhados e gritos interrompidos*. Artmed.

Ogden, T. H. (2013). *Rêverie e interpretação* (T. M. Zalcberg, Trad.). Escuta.

Ogden, T. H. (2017). *A matriz da mente: relações de objetais e diálogo psicanalítico* (G. D. D. da Silva, Trad.). Blucher.

Oliveira, M. D. & Rosa, J. T. (2001). Fatos clínicos psicanalíticos na psicoterapia de uma paciente com depressão narcísica. In J. T. Rosa (Org.), *Mudanças: psicoterapia e estudos psicossociais* (pp. 11-40). Umesp.

Petot, J. M. (2016). *Melanie Klein II: o ego e o bom objeto (1932-1960)* (2ª ed.). Perspectiva.

Quinodoz, J. M. (1994). Fatos clínicos psicanalíticos? *Revista Brasileira de Psicanálise, 28*(4).

Ribeiro, M. F. R. (2017). Uma reflexão conceitual entre identificação projetiva e *enactment*. O analista implicado. In E. M. U.

146 PERCURSO DE LEITURA

Cintra, G. Tamburrino, M. F. R. Ribeiro, *Para além da contra-transferência: o analista implicado* (pp. 41-54). Zagodoni.

Rosenfeld, H. (1988). *Impasse e interpretação*. Imago.

Segal, H. (1975). *Introdução à obra de Melanie Klein*. (J. C. Guimarães, Trad.). Imago.

Silva, C. M., & Macedo, M. M. K. (2016). O método psicanalítico de pesquisa e a potencialidade dos fatos clínicos. *Psicologia: Ciência e Profissão, 36*(3), 520-533.

Spillius, E. B. (2007a). Evolução do pensamento kleniano: revisão geral e visão pessoal. In E. B. Spillius, *Uma visão da evolução clínica kleiniana: da antropologia à psicanálise* (pp. 99-136). Imago. (Trabalho original de 1924)

Spillius, E. B. (2007b). O conceito de fantasia em Freud e Klein. In E. B. Spillius, *Uma visão da evolução clínica kleiniana: da antropologia à psicanálise* (pp. 181-200). Imago. (Trabalho original de 1924)

Spillius, E. B. (2007c). Experiências clínicas de identificação projetiva . In E. B. Spillius, *Uma visão da evolução clínica kleiniana: da antropologia à psicanálise* (pp. 295-311). Imago. (Trabalho original de 1924)

Steiner, J. (1994). O equilíbrio entre as posições esquizo-paranóide e depressiva. In R. Anderson (Org.), *Conferências clínicas sobre Klein e Bion* (B. H. Mandelbaum, Trad., pp. 60-73). Imago.

Steiner, J. (1997). *Refúgios psíquicos*. Imago.

Telles, S. (2012). *Fragmentos clínicos de psicanálise* (3ª ed.). Casa do Psicólogo.

Winnicott, D. W. (1975). *O brincar e a realidade*. Imago. (Trabalho original publicado em 1967)

Winnicott, D. W. (1983). Enfoque pessoal da contribuição kleiniana. In D. W. Winnicott, *O ambiente e os processos de maturação*. Artes Médicas. (Trabalho original publicado em 1965)

Winnicott, D. (2000). O ódio na contratransferência. In D. W. Winnicott, *Da pediatria à psicanálise: obras escolhidas* (D. Bogomoletz, Trad., pp. 277-287). Imago. (Trabalho original publicado em 1947)

Winnicott, D. W. (2010). *Holding e interpretação* (3ª ed., S. M. T. M. de Barros, Trad.). WMF Martins Fontes. (Trabalho original publicado em 1972)

GRÁFICA PAYM
Tel. [11] 4392-3344
paym@graficapaym.com.br